W0343817

Nouvelles Histoires extraordinaires
DU DÉBARQUEMENT ET DE LA LIBÉRATION

ALISIO
L'éditeur des voix qui inspirent

Suivez notre actualité sur **www.alisio.fr**
et sur les réseaux sociaux LinkedIn,
Instagram, Facebook et X !

Alisio s'engage pour une fabrication écoresponsable !
« Des livres pour mieux vivre », c'est la devise de notre maison.
Et vivre mieux, c'est vivre en impactant positivement
le monde qui nous entoure ! C'est pourquoi nous avons
fait le choix de l'écoresponsabilité.
Pour en savoir plus, rendez-vous sur notre site.

Relecture-correction : Marie-Laure Deveau
et Christophe Mata-Julien
Maquette : Patrick Leleux PAO
Design de couverture : Caroline Gioux
Photo de couverture : © Bridgeman images

© 2024 Alisio,
une marque des éditions Leduc
76 boulevard Pasteur
75015 Paris – France
ISBN : 978-2-37935-426-7

SOMMAIRE

INTRODUCTION

Le débarquement des Alliés en Normandie, le 6 juin 1944, a tellement marqué la mémoire collective que l'on reste persuadé qu'il s'agit de l'événement majeur de la Libération. Or d'autres événements militaires ont joué un rôle important durant cette période cruciale de la Seconde Guerre mondiale. On oublie l'apport des Britanniques, des Canadiens et des Français (maquis et armée régulière) dans la défaite allemande, au bénéfice souvent exclusif des Américains. Et que dire de l'armée soviétique, qui a affronté 60 % des forces allemandes ? Le débarquement franco-américain en Provence, en août 1944, est souvent passé au second plan, alors qu'il a joué un rôle majeur.
D'une part, on oublie souvent que le choix du débarquement des Alliés en Normandie vient en grande partie des renseignements fournis par la Résistance, notamment en ce qui concerne l'implantation des divisions allemandes ainsi que la densité des bunkers, et autres défenses des plages et des côtes de l'Atlantique.
D'autre part, afin de tromper les Allemands sur leurs intentions, le commandement allié met en place l'opération Bodyguard, faisant croire que le débarquement aura lieu en juillet 1944 à un endroit encore indéterminé. Puis, l'opération

Fortitude doit convaincre Hitler et ses généraux que le débarquement allié se déroulera dans le Pas-de-Calais. Dans ce but, une armée fantôme voit le jour à l'aide de leurres en tous genres, dont des chars gonflables en caoutchouc. Cet ensemble, présent au sud de l'Angleterre, semble en effet menacer les côtes du Pas-de-Calais. Les services allemands de renseignement tombent dans le piège. Mais, fait souvent méconnu, Hitler refuse d'y croire et tente de convaincre le maréchal Rommel, commandant des troupes allemandes de la Bretagne au Pas-de-Calais, que le débarquement aura lieu… en Normandie ! Peine perdue, Rommel concentre ses forces au nord de la Somme, tout en acceptant de renforcer les moyens militaires et défensifs en Normandie, mais d'une manière insuffisante.

L'opération Overlord débute tôt, durant la nuit du 5 au 6 juin 1944, par le largage entre 0 h 15 et 2 h 30 des troupes aéroportées (82e et 101e divisions aéroportées américaines, 6e division parachutiste britannique) chargées de couvrir les flancs de la zone de débarquement, du Calvados à la Manche, de Sainte-Mère-Église (point extrême à l'ouest du secteur américain) à la vallée de la Dive (point extrême à l'est du secteur britannique). L'opération se poursuit par le pilonnage de l'artillerie navale et le bombardement aérien des défenses allemandes. Plus de 6 000 navires traversent la Manche sur un front large de 80 kilomètres, embarquant 185 000 hommes et 20 000 véhicules. Les troupes américaines débarquent à 6 h 30 à Omaha Beach (entre Colleville-sur-Mer et Vierville-sur-Mer) et à Utah Beach (la côte est du Cotentin). Les forces britanniques débarquent à 7 h 30 à Sword Beach (entre Ouistreham et Lion-sur-Mer) et à Gold Beach (entre Graye-sur-Mer et

Arromanches), les forces canadiennes à Juno Beach (entre Luc-sur-Mer et Graye-sur-Mer).

Les opérations de débarquement se poursuivent toute la journée du 6 juin, sans grandes difficultés sur les principales plages, sauf à Omaha Beach, où les troupes américaines subissent des pertes considérables, contre des défenses allemandes en grande partie intactes. En effet, les 1re et 29e divisions américaines d'infanterie sont confrontées à des conditions très difficiles dans ce secteur. Le mauvais temps pose des problèmes de repérage. La marée est plus haute que prévu et les obstacles plus importants. La troupe arrive sur la plage, sous les tirs des mitrailleuses et de l'artillerie. De plus, les forces allemandes sont plus importantes que celles données par le renseignement militaire américain. Outre le 726e régiment d'infanterie, arrive le renfort inattendu des 914e et 916e régiments de la 352e division d'infanterie. Les 29 chars Sherman, pourtant équipés de système de flottaison, coulent presque tous et une large partie des 180 péniches chavirent. Les fantassins américains, qui doivent parcourir à découvert 200 mètres de plage, sont des cibles rêvées pour les défenseurs allemands. À 9 heures, la situation semble si critique que le général américain Omar Bradley envisage de cesser les opérations dans ce secteur. Le colonel Taylor, engagé dans l'action, lui rapporte : « Il y a deux sortes d'individus qui restent sur la plage ! Les morts et ceux qui vont mourir ! Foutons le camp d'ici en vitesse[1]. »

Le rapport exact des forces en présence sur la première ligne de front d'Omaha Beach est pourtant très en faveur

1. Cité par Philippe Lamarque, *Le Débarquement : opération Overlord, 6 juin 1944,* Éditions C.M.D., 2001.

de l'assaillant, avec 34 250 soldats américains opposés à 2 000 soldats allemands. Mais les combattants américains tombent en grande partie sur des vétérans allemands du front russe.
Bradley ordonne alors à l'artillerie des navires de guerre de tirer de nouveau sur les défenses allemandes. Cette décision importante permet aux soldats américains de progresser enfin, d'autant que l'infanterie allemande, à court de munitions, doit se replier. Les Américains parviennent à établir une fragile tête de pont de 1 à 2 kilomètres, au prix de très lourdes pertes, avec 3 000 soldats hors de combat (1 000 tués, 2 000 blessés ou portés disparus) sur l'unique plage d'Omaha Beach. L'adversaire allemand ne déplore que 1 200 soldats hors de combat (200 tués, 500 blessés et 500 portés disparus).
Par la suite, la très difficile progression des Alliés en Normandie exige un appui feu considérable, en artillerie lourde et bombardiers, pour enfoncer les positions ou repousser les contre-attaques allemandes. Luttant souvent à un contre trois, voire parfois à un contre dix, les troupes allemandes parviennent cependant à contenir les unités américaines, britanniques et canadiennes durant près de trois mois, alors que la ville de Caen devait tomber dès le premier jour du débarquement. Comment expliquer un tel décalage ? Nous allons découvrir les raisons de cet incroyable retard dans plusieurs chapitres de cet ouvrage, en osant briser les tabous, les mythes et autres légendes. Nous dévoilerons également des faits méconnus et oubliés de la Libération, tout en balayant de nombreux clichés. Nous retracerons aussi des épisodes incroyables et extraordinaires, soulignant le courage des combattants des deux camps, sans oublier les civils.

1.
DES CHEFS MYTHIFIÉS PAR LA PROPAGANDE

Depuis des décennies, certains grands chefs militaires alliés et allemands ont été tellement mythifiés par la propagande de l'époque qu'ils sont devenus des héros intouchables, alors que la réalité historique démontre le contraire. C'est ce que nous allons découvrir dans ce chapitre en mettant fin à bien des zones d'ombre, afin de dévoiler un regard panoramique qui évite aussi bien l'apologie béate que le dénigrement systématique.
L'étude approfondie des combats des débarquements et de la Libération en 1944-1945 met en lumière que ces chefs, auréolés à l'époque, ont en fait accumulé les fautes tactiques et stratégiques, parfois même dès le début du conflit.

Erwin Rommel, icône de la propagande hitlérienne
En juin 1944, à la veille du débarquement des Alliés en Normandie, le maréchal Erwin Rommel commande depuis le mois de janvier le groupe d'armées B, comprenant les 7e et 15e armées allemandes, tenant alors un front qui s'étend

de la Bretagne à la Hollande, avec 7 divisions blindées et 32 divisions d'infanterie. Une énorme responsabilité repose donc sur cet homme devenu, depuis la campagne de France de mai-juin 1940 et la guerre en Afrique du Nord en 1941-1943, un véritable héros national du IIIe Reich.

Le régime hitlérien a fait de ce soldat, non issu de l'aristocratie prussienne, l'exemple de l'officier national-socialiste par excellence. Hitler voit en lui le modèle du chef militaire à mettre en avant, afin d'illustrer l'invincibilité de la nouvelle armée allemande, issue du IIIe Reich. Or la réalité des faits n'est pas aussi glorieuse…

Né le 15 novembre 1891 au sein d'une famille de la moyenne bourgeoisie de la petite cité d'Heidenheim, dans la région du Wurtemberg, Erwin Rommel devient élève officier en juillet 1910 au 124e régiment d'infanterie (RI), à Weingarten. Il est versé à l'école militaire de Dantzig l'année suivante. Promu au grade de sous-lieutenant en 1912, il retrouve son régiment d'origine, le 124e RI. C'est un bon officier de terrain, qui excelle dans les exercices physiques et les manœuvres en pleine nature. Il aime également se mettre en avant, afin de monter rapidement en grade. Les soldats placés sous ses ordres découvrent qu'il ne tolère jamais que quelque chose aille de travers.

Son baptême de feu débute sur le front français en août 1914. Dès les premiers combats, il apparaît comme un militaire impitoyable, infatigable, porté par l'action offensive, quitte à se mettre en danger, afin de donner l'exemple. En 1915, il intègre le bataillon de montagne du Wurtemberg, une unité d'élite formée à Münsingen, décisive en altitude. Après un court passage dans les Vosges, Rommel et son bataillon sont dirigés en

Roumanie, où ils accumulent les succès contre des troupes roumaines fortement éprouvées par les combats précédents. Mais c'est sur le front italien que Rommel se forge une légende qu'il a lui-même su mettre habilement en avant. Or la réalité n'est pas aussi simple…
Engagé sur le front de l'Isonzo, à la pointe de l'offensive austro-allemande devant débuter le 24 octobre 1917, dans le secteur montagneux de Caporetto-Tolmino, le bataillon de montagne du Wurtemberg a devant lui des troupes ennemies décimées lors des précédentes offensives de l'été (10e et 11e offensives de l'Isonzo), durant lesquelles 323 000 soldats italiens et 250 000 soldats austro-hongrois ont été tués ou blessés ! Une véritable hécatombe ! Sept divisions austro-allemandes d'élite doivent enfoncer le secteur en question, défendu seulement par deux divisions italiennes réduites de moitié. Les positions italiennes, trop exposées dans les vallées et les sommets, puis dévastées par l'artillerie lourde et les gaz, sont conquises après de durs combats. Rommel et son bataillon s'emparent de tranchées ennemies à 1 700 mètres d'altitude, puis progressent en novembre jusqu'au fleuve du Piave, où de fraîches divisions italiennes opposent une résistance acharnée, bloquant finalement l'offensive germano-autrichienne qui devait mettre l'Italie à genoux et permettre l'envoi massif de l'armée austro-hongroise sur le front français. C'est donc un échec stratégique pour l'Autriche-Hongrie.
Rommel écrira plus tard un livre sur ses prétendus exploits guerriers en France, en Roumanie et en Italie. Mais c'est sur le front italien qu'il interprète le plus ses combats victorieux, en multipliant à sa guise les prisonniers italiens capturés, alors que la réalité sur

le terrain est plus complexe et moins glorieuse. En fait, trop exposé à l'avant, il manque à plusieurs reprises d'être capturé à la tête de son bataillon. De plus, il ne parvient pas à exploiter la percée initiale, se heurtant finalement à la puissante ligne de résistance italienne sur le Piave. Il s'attribue injustement plusieurs dizaines de milliers de prisonniers italiens, qui sont en réalité le fait de l'ensemble de la 14e armée austro-allemande. Qui plus est, la percée de Caporetto-Tolmino ne s'est pas déroulée aussi facilement que la propagande a bien voulu nous le faire croire. En de nombreux endroits, les troupes italiennes, bien que décimées, ont opposé une farouche résistance, permettant au gros de leur armée de se replier efficacement sur le Piave et d'y opposer un front solide, tenant finalement en échec l'offensive ennemie.
Se présentant comme apolitique, Rommel voit cependant l'arrivée au pouvoir d'Adolf Hitler comme une bénédiction. Promu dès 1933 par le nouveau régime au grade de commandant, il dirige un bataillon d'infanterie alpine à Goslar. Lieutenant-colonel en 1935, il est nommé instructeur à l'académie de guerre de Postdam. En 1937, il est chargé d'instruire les Jeunesses hitlériennes, à la demande du Führer lui-même, qui voit en lui l'officier modèle du IIIe Reich. En 1938, promu colonel, Rommel commande le bataillon SS de la garde personnelle d'Adolf Hitler, tout en prenant la direction de l'académie de guerre de Wiener Neustadt. Général en août 1939, il est affecté au quartier général (QG) du Führer, tout en assurant sa sécurité. En septembre, du QG d'Hitler, il assiste à l'écrasement de la Pologne en quelques semaines.

En février 1940, Hitler lui confie le commandement de la 7e panzerdivision (division blindée) à Godesberg-am-Rhein, forte de 218 chars légers et moyens, bien qu'il soit avant tout un spécialiste de l'infanterie. Cette promotion exceptionnelle démontre une fois de plus l'attachement de Rommel au régime national-socialiste.

À la tête de cette division blindée, Rommel participe activement à la campagne de France de mai-juin 1940. Sur le front des Ardennes, il se heurte à la résistance acharnée de la 18e division française d'infanterie, dans le secteur de Dinant, qui parvient à bloquer sa division durant quatre jours (11-14 mai 1940), malgré l'écrasante supériorité numérique allemande. Il manque même d'être tué ou capturé lors d'une contre-attaque française.

Le 15 mai 1940, à Flavion, ses chars affrontent la 1re division cuirassée française, dont 50 % des blindés ne peuvent manœuvrer faute de ravitaillement en essence. Cependant, les chars B1 bis français, monstres de 32 tonnes, commencent à décimer l'avant-garde de Rommel, qui décide de rompre le combat, laissant à la 5e panzerdivision, sa voisine du corps blindé, la difficile mission d'affronter seule les pachydermes français, dont le blindage de 60 mm résiste aux canons de tous les tanks allemands. Il faut faire intervenir l'artillerie lourde divisionnaire et les bombardiers d'assaut pour en venir à bout. Rommel se dérobe donc pour poursuivre son avance, en évitant d'affronter les unités françaises trop puissantes. Il veut être le premier à atteindre les côtes de la Manche.

Le 21 mai 1940, dans le secteur d'Arras, Rommel doit faire face à une contre-attaque franco-britannique, alignant une centaine de chars. Ses unités de première ligne se débandent, et il faut l'intervention de son artillerie lourde et des bombardiers d'assaut pour enrayer la tentative alliée. Pour justifier la défaillance de certaines de ses troupes, il annonce être attaqué par plusieurs centaines de tanks ennemis et cinq divisions, ce qui va fortement inquiéter le haut commandement allemand, persuadé que les Alliés viennent de lancer une puissante contre-offensive. Hitler prend peur et ordonne l'arrêt de son offensive en direction de Dunkerque, permettant ainsi involontairement au gros des troupes françaises et britanniques de s'organiser défensivement. Le succès défensif de Dunkerque est en grande partie assuré par les troupes françaises, offrant ainsi au puissant corps expéditionnaire britannique (CEB) la possibilité de rembarquer et de poursuivre le combat en Grande-Bretagne. Faute capitale de Rommel qui, en exagérant la contre-attaque alliée à Arras, condamne l'Allemagne à la guerre sur deux fronts (à l'ouest et à l'est), situation stratégique qui lui sera fatale sur le long terme. En effet, la capture du CEB à Dunkerque aurait pu inciter le gouvernement britannique à négocier une paix temporaire avec Hitler, malgré les discours tonitruants de Churchill de poursuivre la guerre.

Les 22 et 24 mai 1940, à la suite des atermoiements de Rommel, prétendument attaqué par plusieurs centaines de chars ennemis et cinq divisions (en réalité deux régiments blindés britanniques et un bataillon de chars français), un ordre inattendu du Führer cloue sur place les dix panzerdivisions, avec interdiction de prendre la direction de Dunkerque.

« Le 24 mai, écrit le général allemand Guderian, le commandement suprême intervint dans les opérations

d'une manière qui devait avoir les effets les plus pernicieux sur le cours de la guerre. Hitler arrêta sur le canal de l'Aa l'aile gauche de l'armée. La traversée de la rivière nous fut interdite sans qu'on nous en donnât les raisons[2]. »
L'historien américain Walter Lord, spécialiste de la Seconde Guerre mondiale, écrit avec justesse : « Nombre de généraux allemands considèrent la bataille de Dunkerque comme un tournant de la guerre : si le corps expéditionnaire britannique avait été fait prisonnier, la Grande-Bretagne aurait été vaincue ; si cela était arrivé, l'Allemagne aurait pu concentrer toutes ses forces sur la Russie ; Stalingrad n'aurait pas eu lieu[3]. »
Quant à l'historien français Claude Quétel, il rapporte avec bon sens : « Parmi les rescapés de Dunkerque, un certain général Montgomery, mais aussi Dempsey, Alexander, Brooke, tous appelés à jouer un rôle primordial dans la suite de la guerre. Brooke écrira plus tard : “Il est difficile d'imaginer comment l'armée aurait pu se relever de ce coup si le corps expéditionnaire n'était pas rentré.” Et, de fait, le gouvernement Churchill n'aurait certainement pas survécu à cette catastrophe, amenant probablement la Grande-Bretagne à se retirer de la guerre. C'est toute la Seconde Guerre mondiale qui en aurait été transformée au profit du IIIe Reich[4]. »
Dans la poche de Dunkerque, 400 000 soldats doivent être évacués (250 000 britanniques et 150 000 français). L'amirauté britannique et Churchill pensent pouvoir évacuer seulement 30 000 à 40 000 soldats alliés.

2. Général Heinz Guderian, *Souvenirs d'un soldat*, Plon, 1954.
3. Walter Lord, *Le Miracle de Dunkerque*, Robert Laffont, 1983.
4. Claude Quétel, *L'Impardonnable Défaite (1918-1940)*, JC Lattès, 2010.

Le rembarquement débute le 26 mai et se poursuit jusqu'au 4 juin 1940. C'est un incroyable succès pour les troupes alliées, avec le rembarquement de 350 000 soldats alliés (230 000 britanniques et 120 000 français). Les marines britannique et française y ont joué un rôle capital, sans oublier la participation active de l'aviation des deux pays. Mais ce rembarquement a été rendu possible grâce au sacrifice de 30 000 soldats français et de quelques unités britanniques, défendant héroïquement la poche de Dunkerque contre 160 000 soldats allemands, soutenus par une centaine de chars.

Dunkerque n'est pas l'unique sauvetage de l'armée britannique. En réalité, 450 000 soldats britanniques sont présents sur le sol français le 10 mai 1940. Durant toute la campagne de mai-juin 1940, 400 000 soldats britanniques parviennent à retrouver le sol anglais en passant par plusieurs ports français de la façade atlantique. Ces multiples sauvetages, assurés en grande partie par l'excellence de la flotte britannique, sont rendus possibles grâce à la résistance acharnée de l'armée française, servant chaque fois de bouclier.

Par ailleurs, contrairement à une légende tenace, l'aviation britannique ne ménage pas ses forces durant la campagne de mai-juin 1940, en perdant près d'un millier de ses précieux avions (dont 400 chasseurs) sur 1 900 disponibles. On peut donc estimer que si 400 000 des 450 000 militaires britanniques présents en France n'avaient pu rejoindre la Grande-Bretagne, les moyens militaires de ce pays se seraient trouvés dans une situation catastrophique, amenant certainement le gouvernement britannique à mettre fin au conflit,

surtout après la signature de l'armistice de la France avec l'Allemagne le 22 juin 1940.
Claude Quétel écrit à ce sujet : « La capture du corps expéditionnaire britannique à Dunkerque aurait probablement provoqué la chute du cabinet Churchill, encore très isolé dans sa volonté de résister[5]. »
La prise finale de Dunkerque est ainsi présentée par la propagande hitlérienne comme une grande victoire, alors que les troupes alliées les plus importantes ont pu s'échapper et poursuivre le combat.
Le 5 juin 1940, sur le front de la Somme, la 7e panzerdivision du général Rommel affronte la 5e division française d'infanterie coloniale (DIC), limitée à une poignée de canons antichars. Il faut cependant deux jours à Rommel pour venir à bout de cette division ennemie, dont certains des prisonniers sénégalais sont massacrés par l'infanterie motorisée allemande. La percée enfin effectuée, Rommel s'empare de la cité de Saint-Valery-en-Caux, après une rude bataille contre des régiments britanniques et français décimés. La résistance française, luttant à un contre trois, s'effondre, permettant à Rommel de conquérir Cherbourg le 18 juin, puis d'atteindre Bordeaux le 24 juin, soit deux jours après la signature de l'armistice franco-allemand.
Dans ses carnets de guerre concernant cette campagne de mai-juin 1940, Rommel monte en épingle sa division, s'attribue des succès qui sont en fait collectifs, multiplie à sa guise le nombre de prisonniers alliés, alors qu'il déplore dans ses rangs de lourdes pertes, avec la moitié de ses chars hors de combat (détruits ou endommagés)

---

5. Claude Quétel, *Hitler. Vérités et légendes*, Perrin, 2022.

et un quart de ses soldats tués ou blessés, en seulement six semaines de combat.
La propagande hitlérienne fait de cette campagne une promenade militaire, alors qu'en réalité 170 224 soldats allemands ont été tués ou blessés en seulement quarante-cinq jours de combat, sans oublier 1 105 chars hors de combat sur les 2 700 engagés et 1 751 avions hors de combat sur les 3 500 engagés. Contrairement à une légende tenace, l'armée française a lutté avec bravoure.
Il est important de rappeler ces faits, car sans le sauvetage assuré de Dunkerque en 1940 du gros de l'armée britannique, le débarquement allié en Normandie en juin 1944 n'aurait peut-être pas eu lieu.
Le 12 février 1941, le général Rommel est envoyé en Libye, afin de soutenir l'armée italienne en difficulté contre les troupes britanniques venant d'Égypte. Il a sous ses ordres la 15e panzerdivision et la 5e division motorisée, qui arrivent de manière échelonnée, et peut compter sur les divisions italiennes Brescia, Pavia, Ariete, Trento, puis Trieste. En réalité, le gros des troupes de l'Axe sont italiennes. Les forces britanniques, décimées par les précédents combats contre l'armée italienne, sont réduites à une vingtaine de chars sur les 275 initiaux et à 20 000 hommes sur les 45 000 initiaux, soit l'équivalent de deux divisions contre deux divisions allemandes et cinq divisions italiennes. Devant l'écrasante supériorité numérique de l'adversaire, les troupes britanniques sont contraintes de reculer de plusieurs centaines de kilomètres, jusqu'à la ville portuaire de Tobrouk, en avril 1941.
Au lieu de poursuivre son offensive jusqu'en Égypte, Rommel s'entête à s'emparer de la place forte de Tobrouk,

en y lançant des assauts frontaux suicidaires contre des puissantes fortifications. Il doit également repousser deux offensives britanniques en mai et juin 1941, venues d'Égypte, qui tentent de dégager la forteresse de Tobrouk, toujours encerclée par plusieurs divisions italiennes.
En novembre 1941, une troisième offensive britannique, alignant 735 chars contre 390 chars germano-italiens, doit libérer les assiégés de Tobrouk. Six divisions et cinq brigades britanniques affrontent deux divisions allemandes et sept divisions italiennes. Le premier choc se produit à Bir-el-Gobi, où la division blindée italienne Ariete (146 chars) affronte la 22e brigade blindée britannique de la garde (150 chars). L'Ariete détruit 75 tanks anglais pour la perte de 34 chars de son côté. Ce brillant succès italien sauve Rommel d'un danger d'encerclement par le sud. Finalement, en décembre 1941, après plusieurs semaines d'attaques et de contre-attaques dans les deux camps, Rommel est contraint de reculer devant l'écrasante supériorité numérique de l'adversaire. Son offensive initiale contre Tobrouk, en direction de l'Égypte, est donc un échec, même si la propagande hitlérienne fait de Rommel un « dieu de la guerre » du désert, tout en oubliant de souligner l'héroïque sacrifice des troupes italiennes. Il doit abandonner près de la moitié de la Libye aux Britanniques, dans l'attente de nouveaux renforts pour reprendre l'offensive.
En mai 1942, grâce à l'excellence de la marine italienne qui parvient à lui envoyer par mer de nombreux renforts, Rommel aligne trois divisions allemandes et sept divisions italiennes, renforcées en hommes et en blindés, pour reprendre l'offensive. Il tente de prendre à revers

par le sud les troupes britanniques, mais se heurte à la résistance héroïque de la 1re brigade française libre à Bir Hakeim, où 3 700 combattants français fixent durant plusieurs semaines 37 000 soldats germano-italiens. Au lieu d'anéantir les troupes britanniques en pleine retraite, Rommel commet la même erreur que devant Tobrouk, en cherchant à s'emparer de Bir Hakeim par tous les moyens. Finalement, la garnison française parvient à percer l'encerclement ennemi et à rejoindre les Alliés. Rommel s'empare cependant de la forteresse de Tobrouk, où près de 35 000 soldats britanniques se rendent après seulement deux jours de combat. Bien que les sept divisions italiennes engagées aient largement contribué à cette victoire, Rommel s'en attribue le mérite, sans oublier ses trois divisions allemandes.

Rommel, promu maréchal par Hitler, commet ensuite la lourde erreur de poursuivre son offensive en direction de l'Égypte, sans attendre les précieux renforts, alors que ses propres forces sont réduites à une poignée de chars. Durant l'été 1942, à peine renforcé, il lance des offensives frontales sanglantes et inutiles contre le puissant système défensif britannique établi en profondeur à El Alamein, en Égypte. En octobre 1942, Rommel est finalement vaincu par d'écrasantes troupes alliées (2 300 chars britanniques contre 522 chars germano-italiens) à El Alamein et doit abandonner la Libye pour se réfugier en Tunisie. Durant la phase finale de cette bataille, il parvient à sauver une partie de ses troupes allemandes grâce à l'héroïque sacrifice des divisions italiennes, couvrant la retraite des « alliés » allemands, dont la division parachutiste italienne Folgore qui repousse, avec

seulement 6 000 hommes, 60 000 soldats alliés durant plusieurs semaines !
Après de terribles combats jusqu'en mai 1943, la Tunisie est libérée par les forces britanniques, françaises et américaines, alignant vingt fois plus de blindés que l'adversaire. Rommel abandonne l'Afrique en mars 1943.
Malgré son échec final en Égypte, en Libye et en Tunisie, Hitler conserve toute sa confiance en Rommel en le nommant, en décembre 1943, inspecteur de la défense des côtes de l'Europe occidentale, du Pays basque au Danemark, soit le célèbre « mur de l'Atlantique », dont il doit renforcer les fortifications afin de repousser un probable débarquement des Alliés.
En janvier 1944, comme nous l'avons déjà signalé, Rommel se voit attribuer le commandement du groupe d'armées B, tenant un front s'étendant de la Bretagne à la Hollande, avec 7 divisions blindées et 32 divisions d'infanterie, soit le plus puissant corps de bataille allemand sur le front de l'Ouest.
Hitler, persuadé que le débarquement des Alliés va se dérouler en Normandie, tente de convaincre Rommel de renforcer les troupes allemandes à cet endroit. Mais Rommel, sûr de lui, refuse d'admettre cette possibilité. Pour lui, pas de doute possible, le débarquement des Alliés doit débuter dans le Pas-de-Calais, le lieu le plus proche des côtes britanniques.
À ce sujet, le biographe de Rommel et historien Benoît Lemay apporte les faits suivants :

> Si Rommel avait encore de la déférence pour Hitler en ce printemps 1944, c'est entre autres choses parce qu'il s'était avéré à maintes reprises dans le passé

> que le Führer avait eu raison contre ses généraux. Mais, en France, Rommel doutait du jugement de Hitler sur la question cruciale de l'endroit probable de l'invasion ennemie. Depuis la mi-février, Hitler avait plusieurs fois exprimé le point de vue selon lequel l'opération amphibie anglo-américaine interviendrait sur les côtes de la Normandie – et peut-être aussi sur celles de la Bretagne –, avec pour objectif stratégique Cherbourg.
>
> À la conférence du 4 mars, Hitler avait de nouveau fait part de son intuition en soulignant que la Normandie et la Bretagne étaient particulièrement menacées. Selon lui, la topographie de ces régions était propice à l'établissement de têtes de pont qui pouvaient par la suite être élargies systématiquement par l'utilisation de la puissance aérienne[6].

Outre son désaccord avec Hitler sur le lieu possible d'un débarquement allié en Normandie, Rommel entre en conflit avec son supérieur hiérarchique, le maréchal von Rundstedt, commandant l'ensemble des troupes allemandes à l'Ouest. Rommel insiste pour avoir les panzerdivisions les plus proches des côtes pour rejeter les Alliés à la mer dès le début du débarquement, alors que Rundstedt estime qu'il ne faut pas exposer de telles unités aux tirs de l'artillerie lourde des navires alliés. Celui-ci a retenu les leçons du précédent débarquement des Alliés en Sicile en juillet 1943, où les blindés allemands, trop

6. Benoît Lemay, *Erwin Rommel*, Perrin, 2009.

près des côtes maritimes, ont été foudroyés par l'artillerie navale ennemie. Il estime qu'il faut laisser les troupes alliées s'installer sur les plages, au contact des défenses allemandes, pour permettre ensuite aux panzers de contre-attaquer. Les canons des navires alliés ne pourront pas à ce moment pilonner les tanks allemands sans prendre le risque de frapper également leurs propres troupes débarquées. De son côté, Rommel estime que les panzerdivisions, trop placées en arrière, risquent de subir les bombardements de l'aviation alliée lors de leurs déplacements vers les côtes, sans oublier les possibles sabotages routiers de la résistance française. D'après lui, il faut anéantir l'ennemi avant qu'il ne soit en mesure de débarquer son matériel lourd et de pénétrer profondément à l'intérieur des terres. C'est donc sur la plage qu'il faut l'arrêter. Le maréchal von Rundstedt, nullement convaincu, maintient que les panzerdivisions doivent se trouver hors de portée des tirs des navires alliés, pour ensuite contre-attaquer avec succès.

Amené à trancher, Hitler décide de placer trois panzerdivisions sous les ordres directs de Rommel, quatre autres restant en réserve sous le commandement de von Rundstedt. Rommel n'est pas satisfait. À ce titre, il rédige, le 23 avril 1944, une longue lettre au Führer :

> Malgré la supériorité aérienne des Alliés, si nous réussissons à jeter, au cours des premières heures qui suivent le débarquement, une grande partie de notre force blindée contre l'ennemi dans les secteurs côtiers menacés, je suis persuadé que nous gagnerons la bataille dès le premier jour. Jusqu'ici, les dommages

> qui ont été infligés par les divers raids aériens à nos bunkers restent très négligeables ; en revanche, nos abris de campagne, nos tranchées et nos boyaux de communication ont été entièrement détruits ou gravement endommagés en certains endroits. Voilà qui prouve la nécessité de bien bétonner les positions. Mais mon seul souci véritable est le problème des panzerdivisions. Certaines de ces formations restent hélas encore dispersées sur un vaste territoire, trop loin à l'intérieur des terres : elles arriveront trop tard pour jouer leur rôle dans la future bataille du littoral. Étant donné la supériorité aérienne écrasante des Alliés, tout déplacement important des unités blindées en direction des côtes sera bloqué par les avions[7].

Rommel refuse de croire à un possible débarquement des Alliés en Normandie. Il désire maintenir ses blindés près des plages, sous la menace des tirs des navires alliés. Il se trompe également sur l'endroit réel du débarquement, maintenant toujours la majorité de ses troupes dans le Pas-de-Calais, mais il y a plus grave… Le 5 juin 1944, persuadé que les Alliés ne vont pas débarquer avant plusieurs semaines, Rommel décide de se rendre en Allemagne, pour rencontrer le Führer, afin de le convaincre de la bonne répartition des divisions blindées près des côtes maritimes et de fêter l'anniversaire des 50 ans de sa femme, le 6 juin.

---

7. Archives militaires allemandes, Fribourg-en-Brisgau.

Le 5 juin 1944, il souffle un fort vent d'ouest, les conditions de marées semblent défavorables à un débarquement, les reconnaissances aériennes ne donnent pas à penser qu'il peut être imminent. Rommel n'a donc aucun scrupule à s'absenter, prenant la route pour l'Allemagne, afin de parcourir 600 kilomètres à bord de son véhicule de fonction, aux côtés de son chauffeur attitré et d'une escorte de protection.

Cependant, le 6 juin 1944, durant la matinée, Rommel, qui se prépare à fêter le cinquantième anniversaire de sa femme chez lui, à Herrlingen, est informé qu'une armada de navires alliés vient de débarquer de nombreuses troupes sur les plages normandes. Rommel attend la confirmation de cette incroyable nouvelle, déjouant tous ses pronostics. Il lui faut de nouveau parcourir 600 kilomètres en voiture pour rejoindre son poste de commandement de La Roche-Guyon. Dans la soirée, il constate que la situation n'est pas encourageante : « Les Alliés se sont déjà assuré une tête de pont et tiennent bon[8]. »

Cette opération amphibie constitue une cascade de surprises pour Rommel : elle se produit d'abord en Normandie et non dans le Pas-de-Calais, se déroule à l'aube, à mi-marée et à la fin d'une période de mauvais temps. Têtu jusqu'au bout, il se persuade qu'il s'agit d'un piège des Alliés et que le véritable débarquement doit toujours se dérouler dans le Pas-de-Calais. Ainsi décide-t-il de ne pas engager toutes ses forces blindées disponibles contre la tête de pont des Alliés en Normandie. Une faute capitale qui va être fatale à la Wehrmacht.

8. *Ibid.*

Beaucoup d'officiers allemands s'étonnent de l'incroyable passivité de Rommel, converti à une bataille défensive. Il n'est plus le maître des opérations offensives. Il est nerveux, anxieux, pessimiste, mal remis d'une maladie contractée en Égypte. Cette passivité tient aussi à une énorme erreur stratégique. Le 19 juin, alors que la bataille de Normandie est engagée depuis plusieurs semaines, Rommel croit toujours à l'imminence d'un débarquement au nord de la Seine ou de la Somme. Cette erreur vient également en partie d'une défaillance des services allemands de renseignement, attribuant aux Alliés des forces trois fois plus importantes que la réalité.
Par ailleurs, Rommel s'illusionne en pensant pouvoir convaincre Hitler de signer une paix séparée avec les Britanniques et les Américains, afin d'engager la totalité des forces militaires allemandes contre l'armée soviétique. Hitler refuse tout accord à ce sujet, persuadé de l'emporter contre les trois principaux alliés.
Le 17 juillet 1944, Rommel se rend sur le front de Normandie à bord de son véhicule de commandement, afin de se rendre compte au plus près de la situation militaire. Le capitaine Helmuth Lang, assis à ses côtés, rapporte les faits suivants :

> Comme chaque jour, le maréchal Rommel fait son tour au front. Après avoir visité les secteurs des 276e et 277e divisions d'infanterie, où une attaque alliée a été repoussée, nous avons poussé vers le QG du 2e corps blindé SS, où le maréchal a eu un entretien avec les généraux Bittrich et Sepp Dietrich. Ceux-ci nous conseillent de nous méfier de l'aviation alliée,

qui survole en permanence le champ de bataille. Vers 16 heures, le maréchal décide de rejoindre son QG, car l'ennemi vient de percer dans une partie du front. Le long des routes, nous ne cessons de croiser des convois en feu. De temps en temps, l'aviation ennemie nous force à emprunter des routes secondaires. À 18 heures, la voiture arrive dans les environs de Livarot. Soudain, le long de la route allant de Livarot à Vimoutiers, le sergent Holke nous avertit que deux avions ennemis survolent le secteur dans notre direction. Le chauffeur décide d'accélérer pour prendre un chemin qui part à droite, à moins de 300 mètres. L'endroit peut nous abriter. Avant que nous n'ayons pu l'atteindre, les chasseurs, volant en rase-mottes, à grande vitesse, sont sur nous. Le premier ouvre le feu. Le maréchal détourne la tête à ce moment-là. La première rafale déchire le flanc gauche de la voiture. Un projectile perce le bras gauche et l'épaule du conducteur. Rommel est blessé au visage par les éclats de vitre. Le montant du pare-brise le frappe violemment à la mâchoire et à la tempe gauche, occasionnant une triple fracture du crâne. Il a déjà perdu connaissance et est projeté hors du véhicule quand celui-ci se retourne. Les secours sont arrivés et nous avons emmené le maréchal Rommel à l'hôpital de Bernay. Les médecins ont diagnostiqué un état de choc et plusieurs fractures[9].

---

9. *Ibid.*

Les deux pilotes de chasse ayant mitraillé la voiture de Rommel sont le Français Jacques Remlinger et le Néo-Zélandais Bruce Oliver.
Le 20 juillet 1944, Hitler échappe de justesse à un attentat à Rastenburg, dans le camp retranché de la « Tanière du loup », en Prusse-Orientale. Cette opération, orchestrée par des officiers allemands souhaitant l'élimination physique du Führer, est un échec qui ne fait que le blesser légèrement. Certains dignitaires nazis, jaloux de Rommel, persuadent Hitler qu'il fait partie des conjurés. Hitler doute d'abord de sa culpabilité et finit par se laisser convaincre. Rommel est finalement contraint au suicide, le 14 octobre 1944, afin d'éviter des représailles des nazis contre sa famille.

Bernard Law Montgomery, ombre et lumière d'un maréchal britannique

Né le 17 novembre 1887 à Londres, Bernard Law Montgomery grandit dans une famille anglicane très pieuse et rigoriste, dont le père est pasteur. Vivant entre une mère autoritaire et un géniteur intégriste, qui ne lui témoignent aucune affection, il trouve refuge dans la passion de l'histoire militaire, tout en développant un ascétisme profond. Le manque d'amour de ses parents fait également grandir en lui un égocentrisme qui ne le quittera plus. Il a besoin de se rassurer en se croyant plus intelligent que la moyenne.
En 1907, il fait son entrée à l'académie de Sandhurst, où il est entouré d'élèves issus de l'aristocratie britannique. Il tente de compenser ses origines roturières en affichant un comportement hautain et désagréable, ce qui lui cause

de nombreuses inimitiés avec les élèves de sa classe ainsi qu'avec sa hiérarchie. En 1908, il obtient son affectation au prestigieux Royal Warwickshire Regiment, où sa froideur et son zèle obsessionnel lui jouent des tours parmi les militaires le côtoyant.
Grièvement blessé sur le front français en octobre 1914, il occupe durant le reste du conflit des fonctions d'état-major et participe minutieusement aux plans des futures offensives. Entre les deux guerres mondiales, il alterne des postes dans les colonies britanniques, en Inde, en Égypte et en Palestine, ainsi que des missions au prestigieux Staff College, sans oublier un court passage en Irlande.

> Au sein de l'armée britannique, écrivent Daniel Feldmann et Cédric Mas, Montgomery est un officier au professionnalisme absolu et qui remplit sa mission quels que soient le contexte et l'environnement. Son mentor, Alan Brooke, dirige l'armée à partir de 1941. Esprit indépendant, passionné par son métier, toujours prompt à empiéter sur les responsabilités de ses supérieurs et, après la mort de sa femme en 1937, n'ayant guère de vie en dehors de l'armée, Montgomery est autant admiré que considéré comme ingérable par sa hiérarchie[10].

Promu général la même année que le décès de son épouse, Montgomery prend le commandement de la 9e brigade d'infanterie, qu'il mène avec une stricte discipline et

10. Daniel Feldmann et Cédric Mas, « Montgomery, un général surestimé », chapitre 9, dans Jean Lopez et Olivier Wieviorka (dir.), *Les Mythes de la Seconde Guerre mondiale*, vol. 1, Perrin, 2015.

entraîne avec une extrême dureté pour en faire une unité d'élite. À 52 ans, en 1939, il prend le commandement de la 3e division d'infanterie, au sein du corps expéditionnaire britannique envoyé en France. Il combat avec courage en Belgique en mai 1940, puis reçoit le commandement du 2e corps d'armée lors de la bataille de Dunkerque, qu'il parvient à faire rembarquer en Grande-Bretagne, grâce notamment au sacrifice de plusieurs régiments français. Il s'occupe ensuite de la défense de l'Angleterre, afin de parer à un éventuel débarquement allemand, confirmant ses qualités de planificateur. « Il s'entoure, écrit Loïc Becker, d'officiers capables, durs à la tâche comme lui, et ne laisse aucun répit à ses hommes. La presse commence à s'intéresser à ce général frugal, qui comprend l'intérêt d'une telle publicité[11]... » Il ne cesse de multiplier les exercices en pleine campagne et autres manœuvres.

Son premier échec arrive en 1942, lorsqu'il participe à l'organisation du débarquement de Dieppe, qui se termine par un désastre total. Voulant conserver à tout prix l'effet de surprise, il refuse de lancer des bombardements préalables, ne s'assure pas suffisamment du bon fonctionnement des liaisons radio et ignore les renseignements sur les défenses de l'adversaire allemand. Une accumulation de fautes incroyables !

Le commandement britannique (Montgomery en tête) a la conviction que la reconquête du continent débutera par un important débarquement. Cette opération doit permettre de tester les défenses allemandes. De plus,

11. Loïc Becker, « Bernard L. Montgomery, la construction d'un héros », revue *Batailles & Blindés*, hors-série n° 50, *Ceux des chars, les meilleurs généraux des blindés*, novembre-décembre 2022.

elle ne se limite pas à un simple débarquement, car il faut également rembarquer les troupes à la fin du raid. Les péniches britanniques, alors disponibles à l'époque, permettent d'embarquer 6 000 hommes et 160 chars. Les plages de Dieppe, que longent deux grands boulevards bordés de pelouses, s'étendent sur près de 1 500 mètres à partir de la branche ouest du port. Elles sont flanquées de deux promontoires qui dominent toute la zone des plages et les voies d'accès à la mer.

> En 1942, écrit R. W. Thompson, ces promontoires étaient redoutables : ils renfermaient les dispositifs de défense camouflés et enterrés. Le promontoire Bismarck est creusé de caves et de tunnels, abritant des canons dont le nombre comme le calibre étaient inconnus des Anglais, qui en étaient réduits aux suppositions et allaient jusqu'à voir en Bismarck un rocher de Gibraltar en miniature. Le promontoire ouest, Hindenburg, était beaucoup moins impressionnant, mais la neutralisation des deux forts, que ce fût par attaque aérienne ou par bombardement naval (avec les seuls canons légers des destroyers disponibles), était douteuse[12].

La garnison allemande, un régiment de la 302e division d'infanterie (DI), est protégée par six batteries moyennes, couvrant les voies d'accès à la mer. Des réserves importantes peuvent intervenir à la moindre alerte. Une attaque par mer de la zone fortifiée de Dieppe est donc

12. Archives militaires britanniques, Londres.

une opération amphibie particulièrement risquée, dont le succès repose sur l'effet de surprise.
Le 17 août 1942, 24 chalands embarquent les nouveaux chars lourds Churchill de 40 tonnes chacun, dont le blindage atteint 102 mm au maximum. Une force d'assaut de 6 086 officiers et hommes de troupe prend place à bord des navires de transport ; 60 escadrilles de chasseurs se tiennent prêtes à décoller, principalement des Spitfire, sans oublier 4 escadrilles de reconnaissance tactique, et 7 escadrilles de bombardiers et de chasseurs bombardiers. Les canons de 100 mm des destroyers d'escorte représentent le plus lourd armement de soutien disponible. Au total, 252 bâtiments appareillent dans la nuit du 18 août de quatre ports de la côte sud. Tous ces bateaux arrivent, le 19 août, peu avant 3 heures, sans avoir été repérés, à 8 miles de Dieppe.
L'opération tourne très vite au désastre. Sur la plage de Puys, le régiment royal canadien est pratiquement anéanti. Ses péniches se trouvent prises dans le faisceau lumineux d'un projecteur durant la dernière partie du trajet. Dix-sept minutes plus tard, ce régiment tente de débarquer alors que le jour est complètement levé. Cette tentative tourne au suicide. Le rapport officiel condense cette aventure funeste en un seul paragraphe :
« Bien que tous les hommes eussent suivi leurs chefs avec promptitude, au bout de quelques minutes, il ne resta d'un régiment d'assaut que deux compagnies sur la défensive. Il était impossible de bouger. Les soldats attendaient, couchés à plat ventre, un signe de leurs chefs[13]. »

13. *Ibid.*

Le rapport de la 302e DI allemande rend cependant hommage à la bravoure des soldats alliés :

> Les nombreux prisonniers britanniques peuvent laisser des doutes sur la valeur des unités anglaises et canadiennes impliquées dans ce raid : loin de là. Les soldats ennemis, presque tous canadiens, ont fait preuve d'habileté et de bravoure partout où il leur a été possible d'engager le combat.
>
> L'attaque principale contre Dieppe, Puys et Pourville a été lancée avec une grande énergie par la 2e division canadienne. Ce n'est pas le manque de courage, mais la concentration du feu défensif de notre artillerie divisionnaire et de nos armes lourdes d'infanterie qui a empêché l'ennemi de gagner du terrain à Puys, et d'occuper momentanément à Dieppe des secteurs de la plage, à l'exclusion de l'extrémité occidentale du littoral et du môle à l'ouest. De plus, les équipages des chars n'étaient pas dépourvus d'esprit offensif. À Puys, l'ennemi a fait preuve d'agressivité en s'efforçant, malgré le feu nourri de nos mitrailleuses, de franchir les barbelés parsemés de traquenards qui jonchaient le premier palier de la plage.
>
> À Pourville, l'ennemi, aussitôt débarqué, s'avance à l'intérieur des terres sans s'inquiéter de la protection de ses flancs. Les commandos, avec beaucoup d'élan et d'adresse, s'en prennent aux batteries côtières.

> À l'aide d'appareils techniques les plus divers, ils réussissent à escalader les falaises escarpées, en des endroits qui semblaient tout à fait inaccessibles[14].

Des 24 chalands porte-chars qui participent à l'opération, 10 parviennent à débarquer 28 tanks, qui sont tous détruits. Seulement 14 chalands regagnent l'Angleterre, escortés par 2 destroyers.
Finalement, à 9 heures, le repli des survivants est enfin décidé. Durant trois heures, les malheureux tentent de rejoindre les embarcations venues à leur rencontre, sous le couvert de l'artillerie des destroyers. La situation semble sans espoir. Cependant, en début d'après-midi, les hommes et les navires rescapés se dirigent vers l'Angleterre, sans être sérieusement menacés par l'aviation et la marine allemandes.
Les Canadiens déplorent 215 officiers et 3 164 soldats hors de combat, les commandos 24 officiers et 223 hommes. On compte au total 494 officiers et 3 890 hommes tués, blessés, prisonniers ou disparus. Les véhicules et le matériel ont été abandonnés sur les plages. La Royal Navy a perdu de son côté 81 officiers et 469 marins, ainsi que 34 bâtiments. Les pertes militaires allemandes se montent à seulement 591 soldats tués ou blessés.

> En tant que raid, écrit R. W. Thompson, cette opération était un sérieux échec, en raison de la rigidité du plan et d'un excès de confiance quant à la possibilité d'une surprise tactique sur un front

14. Archives militaires allemandes, Fribourg-en-Brisgau.

relativement important. En outre, on avait prévu pour neutraliser les défenses côtières une puissance de feu beaucoup trop faible. Ce fut là, au reste, la première des leçons tirées de l'échec.

Tout au long de cette journée, les Allemands ne furent jamais sérieusement inquiétés. Ils étaient fort bien préparés à repousser une telle attaque, et ce n'est que vers 8 h 25 que le quartier général ouest-allemand décréta l'état de grande alerte. La 10e division de panzers et la division SS Adolf Hitler étaient prêtes à intervenir si besoin était. Toutefois, depuis ce jour-là, les Allemands redoublèrent de prudence et commencèrent à fortifier tout le littoral occidental sur lequel ils étaient installés[15].

Si Montgomery est l'un des planificateurs de cette opération désastreuse, il n'y participe pas directement. Ce qui sauve sa carrière militaire. Lorsque le débarquement débute à Dieppe, il se trouve en Égypte, afin de prendre le commandement de la 8e armée britannique, où la situation militaire n'est pas plus brillante, puisque les troupes germano-italiennes de Rommel se trouvent à seulement une centaine de kilomètres d'Alexandrie.
Cependant, malgré les apparences, Montgomery a devant lui un adversaire exténué par trois mois de campagne, réduit à une poignée de chars, tandis qu'il peut compter sur l'arrivée de nombreux renforts, dont les puissants chars Sherman rivalisant avec les meilleurs panzers du moment.

---

15. Archives militaires britanniques, Londres.

Sur le front d'El Alamein, en Égypte, Montgomery, surnommé « Monty » par ses troupes, remonte le moral, établit de solides défenses, s'entoure d'officiers compétents, planifie méticuleusement la future bataille qu'il compte livrer contre le maréchal Rommel. Lorsque les troupes germano-italiennes, légèrement renforcées, passent à nouveau à l'offensive à la fin d'août 1942, Montgomery exige que ses chars soient enterrés, et servent comme pièces d'artillerie, afin de ne pas tomber dans le piège tendu par Rommel qui compte les détruire à découvert avec ses puissants canons antichars, comme il a coutume de le faire. Cette fois, l'offensive de Rommel tourne court, l'infanterie et les chars italo-allemands se cassent les dents contre des défenses établies en profondeur, cumulant les champs de mines, les blindés enterrés et une puissante artillerie. C'est donc un incontestable succès défensif pour Montgomery.

Durant tout le mois de septembre, Monty prépare une puissante offensive devant chasser Rommel d'Égypte. Il accumule les renforts, qui lui donnent une supériorité numérique dans tous les domaines. Ainsi, la 8ᵉ armée aligne 220 000 soldats britanniques et alliés contre 96 000 soldats italo-allemands, 2 300 chars (dont 1 600 en première ligne) contre 522 chars allemands et italiens, plus de 1 000 canons contre 480 canons adverses, 600 avions contre 300 appareils italo-allemands, 1 400 pièces antichars, alors que l'Axe n'en a que 744.

À El Alamein, la majorité des troupes de l'Axe sont italiennes : divisions Littorio, Trieste, Trento, Bologna, Brescia, Ariete, Folgore et Pavia ; pour seulement quatre divisions allemandes (15ᵉ et 21ᵉ panzerdivisions,

90e division motorisée et 164e d'infanterie), sans oublier la brigade parachutiste Ramcke. Les fantassins italiens ont pour mission de défendre les positions, alors que les contre-attaques sont confiées aux blindés allemands et italiens qui souffrent d'être disséminés le long du front, perdant ainsi de leur puissance.

Dans la nuit du 22 au 23 octobre 1942, les troupes britanniques et alliées gagnent leurs positions de départ. La nuit est froide, 220 000 hommes attendent le lever de la lune pour commencer la bataille.

Le 23 octobre 1942, à 21 h 10, un millier de canons britanniques pilonnent les positions de l'Axe. Le bombardement dure vingt minutes, puis 70 000 hommes et 600 chars avancent contre les 7 000 Italiens de la division Trento. Devant un coup aussi puissant, la ligne italienne ne semble pouvoir tenir bien longtemps. Mais le matin du 24, en dépit d'une écrasante supériorité, l'attaque anglaise est repoussée !

L'historien anglais Correlli Barnett n'a pas eu peur de présenter les raisons de cet échec :

> Les forces, accumulées sur un front étroit, n'avaient pas la place de combattre, à la manière d'un épéiste pris dans une foule. L'infanterie n'avança pas jusqu'à la bordure occidentale du système défensif ennemi, les sapeurs ne déblayèrent pas un passage pour les chars ; ceux-ci demeurèrent donc bloqués derrière les fantassins, dans les culs-de-sac déjà pratiqués. Sur cette masse immobile, toute l'artillerie italienne ouvrit un feu précis. Durant toute la journée, le grand assaut piétina dans les étroits couloirs. Plus au sud,

> la diversion effectuée par le 13e corps d'armée échoua complètement devant les parachutistes italiens de la division Folgore[16].

Correlli Barnett va même plus loin en écrivant :

> Étant donné l'immense disproportion des forces entre les deux adversaires, l'étonnant n'est pas que nous ayons gagné la bataille d'El Alamein, mais que nous ayons bien failli la perdre ! On peut surtout s'étonner que les divisions italiennes, soutenues par quelques divisions allemandes, aient réussi à tenir pendant douze jours devant une supériorité aussi gigantesque[17].

Les maigres forces blindées germano-italiennes tentent de repousser les puissantes divisions alliées qui sont parvenues à enfoncer certaines des positions. C'est une lutte à mort. Le 3 novembre 1942, la division blindée italienne Ariete, avec ses petits chars Fiat-Ansaldo de 13 tonnes, affronte vaillamment les puissants tanks Sherman de 32 tonnes, trois fois plus nombreux. Elle est totalement anéantie après un combat héroïque, faisant même l'admiration de Rommel et de Montgomery.

Malgré l'ordre formel d'Hitler de résister jusqu'au bout, Rommel, qui ne veut pas sacrifier inutilement la vie de ses hommes, décide de rompre le combat le 4 novembre.

---

16. Correlli Barnett, *Les Généraux du désert*, Pocket, 1965.
17. *Ibid.*

Il n'a plus que 32 chars en état de combattre, alors que les Alliés peuvent encore en mettre en ligne un bon millier, en comptant les renforts.

Alors que les troupes allemandes et italiennes doivent battre retraite en plein désert, Monty va commettre la lourde erreur de ne pas engager immédiatement la poursuite avec ses nombreux renforts, permettant ainsi à Rommel d'éviter la destruction totale de son armée. Contraint d'abandonner la Libye, sans défense solide, Rommel parvient à se rétablir en Tunisie.

Loïc Becker écrit avec justesse : « Montgomery ne poursuit pas son adversaire, accordant des pauses à ses hommes (à tort ou à raison) et laisse l'occasion à Rommel de se replier vers la Tunisie… Le tout alors que les Britanniques ont à leur disposition deux divisions blindées ! En privé, beaucoup de ses subordonnés reprocheront à Monty cette prudence qui fera durer la guerre en Afrique du Nord jusqu'en mai 1943[18]. »

Pour contrer la 8e armée britannique, qui progresse en Lybie et arrive péniblement aux portes de la Tunisie, Rommel, enfin renforcé en fantassins et en chars, lance le 6 mars 1943 une offensive dans le secteur de Médenine. Mais Montgomery a eu le temps de rassembler ses troupes, et Rommel se retrouve avec seulement 160 chars contre 600 tanks britanniques, qui disposent en plus de la suprématie aérienne. Il ne reste même plus à Rommel l'effet de surprise : les Alliés ont réussi à décoder ses messages et à repérer la concentration des chars allemands.

---

18. Loïc Becker, « Bernard L. Montgomery, la construction d'un héros », *op. cit.*

Quand les panzers attaquent, Montgomery les attend sur de solides positions. Les blindés de Rommel se heurtent à des champs de mines et à un puissant barrage antichar. Les pertes sont lourdes avec 52 panzers détruits. L'échec allemand est total.
Au début de mars 1943, la supériorité matérielle des Alliés est écrasante en Tunisie : sept contre un pour les véhicules blindés, vingt contre un pour les chars et trois contre un pour l'artillerie !
Malgré cette nette supériorité des Alliés, et aussi incroyable que cela puisse paraître, les troupes de l'Axe – surtout italiennes, qui représentent le gros des effectifs sous les ordres de l'excellent général italien Messe – remportent encore de nombreux succès sur le terrain en Tunisie. Ce que confirme le général anglais Alexander (supérieur hiérarchique de Montgomery), commandant l'ensemble des troupes alliées engagées sur ce théâtre de guerre :

> En Tunisie, l'ennemi contre-attaque continuellement et réussit à arrêter notre avance au prix de très lourdes pertes. Nous remarquons que les Italiens se battent particulièrement bien, même mieux que les Allemands qui sont en ligne avec eux. Malgré de sévères pertes infligées par nos barrages d'artillerie, l'ennemi persiste dans ses contre-attaques, et il devient évident qu'une avance dans ce massif inextricable, celui des montagnes tunisiennes, sera coûteuse[19].

19. Archives militaires britanniques, Londres.

Le 16 mars 1943, la 8e armée britannique du général Montgomery lance une puissante offensive contre la 1re armée italienne du général Messe, défendant la ligne Mareth, au sud de la Tunisie. En termes d'effectifs, la supériorité britannique est écrasante : 160 000 hommes, 610 chars, 1 410 pièces d'artillerie, 803 avions. Le général Messe ne peut opposer que 80 000 hommes, 150 chars, 640 pièces d'artillerie et 123 avions.

Malgré la disproportion des forces en présence, la 8e armée britannique de Montgomery échoue dans ses assauts du 16 au 27 mars 1943 face à la 1re armée italienne, dont les soldats rivalisent de bravoure. L'objectif de Montgomery d'anéantir la 1re armée italienne sur ses défenses est un échec cuisant, qui lui coûte 200 chars. Messe parvient non seulement à éviter l'encerclement de son armée, mais aussi à la faire se retirer sans danger vers le fleuve Akarit. Les troupes de l'Axe parviennent finalement à établir une nouvelle ligne de défense, d'Enfidaville jusqu'au Djebel Mansour : 215 kilomètres de front. Durant tout le mois d'avril 1943, le général Messe parvient à contenir l'offensive alliée. Les troupes de Montgomery, bien que dix fois plus nombreuses, sont repoussées dans le secteur d'Enfidaville par les soldats italiens, luttant comme des lions. Cependant, une fois ses munitions épuisées, le général Messe est contraint de déposer les armes, le 13 mai 1943. La guerre se termine en Afrique du Nord. Fait maréchal d'Italie par Mussolini, Messe trouve en Montgomery un adversaire respectueux et même admiratif de ses qualités militaires, rendant également hommage à la bravoure des soldats italiens, si souvent injustement dénigrés par de prétendus « historiens »...

Commandant les forces britanniques débarquant en Sicile, Monty se heurte à une résistance coriace et efficace des troupes germano-italiennes. La campagne s'enlise, d'autant qu'il doit composer avec son homologue américain, le général Patton, aussi peu diplomate et égocentrique que lui. L'adversaire, qui bat retraite avec brio, parvient à rembarquer ses troupes en direction de la péninsule, échappant ainsi à la capture des Alliés. Montgomery progresse avec une désespérante lenteur, tandis que Patton fanfaronne sans obtenir de meilleurs résultats, laissant ainsi échapper une victoire complète en Sicile. Monty considère que ce demi-échec vient de Patton, qui ne l'a pas suffisamment soutenu, en n'en faisant qu'à sa tête. L'Américain oppose la même critique à l'égard de son rival britannique. Peu après, sur le front italien, Monty progresse très difficilement près de la côte Adriatique. La décision pour la prise de Rome se fait plus tard en secteur montagneux, grâce aux exploits du corps expéditionnaire français du général Juin, mais Montgomery n'est plus là depuis plusieurs mois pour goûter cette victoire.
En janvier 1944, Montgomery prend le commandement de l'ensemble des forces terrestres alliées devant débarquer en Normandie. Placé sous les ordres du général américain Eisenhower, il parvient à convaincre ce dernier de doubler les effectifs prévus pour cette opération, faisant passer la première vague de quatre à huit divisions. Ce changement s'avère décisif pour le succès, car dès le 6 juin 1944, il interdit aux Allemands de rattraper le déséquilibre des forces en présence. D'autant que les panzerdivisions arrivent trop tardivement pour rejeter les Alliés à la mer. Pensant s'emparer de Caen en une semaine, Monty

rencontre cependant une résistance qui perdure beaucoup plus longtemps que prévu.

Le 7 juin 1944, les troupes britanniques et canadiennes attaquent en direction de Caen. Malgré un fort appui d'artillerie, elles se heurtent aux contre-attaques allemandes et doivent s'établir en position défensive, sans pouvoir progresser en profondeur. Cependant, l'artillerie britannique et canadienne s'avère extrêmement efficace pour disperser les unités de panzers. Attaques et contre-attaques se multiplient dans les deux camps. Le front britannique se fige rapidement dans une lutte stérile de guerre de position. Montgomery ne peut s'emparer de Caen. Rommel ne parvient pas à le repousser en direction de la mer.

L'opération britannique Epsom, du 26 juin au 30 juin 1944, à l'ouest de Caen, connaît un début prometteur, mais les habiles contre-attaques allemandes ont raison de cette offensive, finalement enrayée. Le 8e corps d'armée britannique perd un peu plus de 4 000 hommes en cinq jours.

À la fin de juin 1944, le front de Normandie se fige sur 150 kilomètres, où 15 divisions américaines et 12 divisions britanniques ou canadiennes affrontent 22 divisions allemandes. Les Britanniques tiennent 60 kilomètres de front et les Américains 90 kilomètres. On notera que sept des neuf panzerdivisions engagées sur le front normand luttent contre les Britanniques ou les Canadiens.

Une nouvelle bataille pour la conquête de Caen débute le 4 juillet 1944 par l'opération Windsor. Une violente contre-attaque allemande repousse les assaillants britanniques. Le 6 juillet, pour limiter les importantes pertes de son armée, Montgomery demande un bombardement massif

de la RAF, afin d'ouvrir une brèche dans le dispositif ennemi du secteur de Caen. Dans la nuit du 7 juillet, 467 bombardiers britanniques bombardent la ville, causant la mort de 1 150 civils et faisant le double de blessés. Le 8, les troupes britanniques et canadiennes se heurtent de nouveau à une résistance acharnée. Mais, le 9, les derniers soldats allemands doivent abandonner une partie de Caen, sous la pression de forces ennemies plus nombreuses. Les Allemands se replient sur la rive sud de l'Orne par le seul pont encore intact en ville, tout en établissant des positions défensives plus en arrière.
L'offensive britannique n'est qu'un succès partiel, puisque seule la moitié nord de Caen est réellement tombée. Si bien que le 10 juillet, à 5 heures, les assauts de Montgomery reprennent et se heurtent de nouveau à une forte résistance allemande. Le Royal Tank Regiment, venu soutenir les fantassins britanniques, subit de plein fouet la contre-attaque du 502e bataillon de panzers lourds SS, équipé de redoutables chars Tigre de 55 tonnes. Les chars britanniques, plus légers, comme les Sherman de 32 tonnes et les Cromwell de 28 tonnes, se font décimer. Le blindage frontal de 110 mm des Tigre résiste aux principaux canons antichars alliés. La lutte se poursuit le 11 juillet. Le front allemand ne peut être enfoncé.
Le 18 juillet 1944, le général britannique Montgomery, toujours aussi tenace malgré l'ampleur des pertes de son armée, déclenche l'opération Goodwood dans le secteur de Caen. En deux heures et demie, 2 600 bombardiers alliés larguent 7 567 tonnes de bombes sur les positions allemandes. Au large de la côte, les navires de la Royal

Navy déclenchent également un bombardement massif. Entre le 18 et le 20 juillet, sous la puissance de l'offensive britannique, la ville de Caen est entièrement conquise, ainsi que plusieurs localités au sud de la cité. Les combats sont d'une violence inouïe. Les troupes britanniques et canadiennes luttent avec un admirable courage, tandis que les défenseurs allemands opposent une résistance féroce. Les chars Sherman, Cromwell et Churchill se heurtent aux redoutables Tigre, Panther et Panzer IV. Après une progression d'une quinzaine de kilomètres, l'offensive est finalement contenue.
Sir Basil Liddell Hart écrit au sujet de cette offensive :

> Ce fut l'attaque de chars la plus massive de toute la campagne ; elle fut lancée par trois divisions blindées fortement concentrées. Elles avaient été discrètement assemblées dans la petite tête de pont sur l'Orne, et elles en sortirent en trombe au matin du 18 juillet après qu'un immense tapis de bombes eut été lâché pendant deux heures par plus de 2 000 bombardiers lourds et moyens. Les Allemands du secteur furent abasourdis, et la plupart des prisonniers faits ce jour-là étaient à tel point assourdis par le bruit des explosions qu'il fallut attendre au moins vingt-quatre heures pour procéder à leur interrogatoire. Mais les défenses étaient plus profondes que ne le pensaient les services de renseignement britanniques.

Rommel, qui s'attendait à une attaque de ce genre, avait accéléré leur renforcement jusqu'à ce que, la veille de l'offensive, il fût lui-même mis hors de combat par un avion à proximité du village bien nommé de Sainte-Foy-de-Montgommery. De plus, l'ennemi avait entendu le grondement que faisaient les chars britanniques en avançant vers l'est dans la nuit en vue de l'offensive. Dietrich, le général allemand qui commandait le corps d'armée, déclara qu'il avait pu l'entendre à plus de 6 kilomètres, malgré les bruits divers qui les masquaient, en posant son oreille contre terre : un truc qu'il avait appris en Russie.

Les espoirs de ce début brillant s'évanouirent peu après le franchissement des premiers niveaux du système défensif. La division blindée qui avançait en tête, au lieu de contourner les points fortifiés des villages à l'arrière, les affronta au milieu d'une certaine confusion. Les autres divisions furent retardées par des embouteillages en sortant de l'étroite tête de pont, et l'avant-garde avait déjà dû arrêter sa progression lorsqu'elles arrivèrent sur les lieux. Dès l'après-midi, on pouvait considérer que la magnifique occasion avait été manquée.

Cet échec a longtemps été enveloppé de mystère. Dans son rapport, Eisenhower mentionna cette opération comme une tentative de « percée » et parla d'une « exploitation en direction de la Seine et de Paris ». Mais tous les historiens britanniques d'après-guerre déclarent qu'elle n'avait pas d'objectifs aussi lointains et qu'aucune percée n'avait jamais été envisagée sur ce flanc.

> Ils suivent en cela le récit de Montgomery lui-même qui insistait sur le fait que cette opération n'était qu'une bataille de position, destinée à créer une menace pour faciliter la prochaine offensive américaine et gagner du terrain, afin de pouvoir y assembler des forces importantes prêtes à attaquer vers le sud et le sud-est lorsque les forces américaines avanceraient vers l'est pour faire la jonction avec elles après la percée[20].

En réalité, les historiens s'accordent aujourd'hui pour écrire que Montgomery comptait bien enfoncer le front allemand à cet endroit.
L'historien britannique Antony Beevor rapporte les faits suivants :

> Les équipages de chars britanniques devaient trouver extrêmement démoralisant d'attaquer de redoutables batteries de 88, tout en sachant fort bien qu'ils risquaient d'être touchés bien avant que leurs chars de qualité inférieure n'aient pu engager l'ennemi. Et, une fois de plus, nous ne devrions jamais oublier qu'on ne pouvait attendre des soldats d'une démocratie, des civils pour la plupart, qu'ils fassent preuve du même esprit de sacrifice que les membres endoctrinés de la Waffen-SS, convaincus qu'ils luttaient pour empêcher que leur pays ne soit annihilé [...].

20. Sir Basil Liddell Hart, *Histoire de la Seconde Guerre mondiale*, Fayard, 1973.

> Quelles qu'avaient pu être les failles de l'opération Goodwood, et les affirmations mensongères de Montgomery à l'époque et plus tard, il ne fait aucun doute que les Britanniques et les Canadiens avaient immobilisé les divisions de panzers au moment crucial[21].

Montgomery, nullement découragé, déclenche, le 30 juillet 1944, l'opération Bluecoat, au sud de Caumont, où les Britanniques ont repris une portion du front américain. Cette offensive est précédée d'un puissant bombardement aérien et d'un pilonnage d'artillerie. Mais les Panther et les Tigre causent de lourdes pertes dans les rangs britanniques. Trois chars lourds allemands détruisent 12 blindés britanniques en quelques minutes. L'offensive s'enlise de nouveau devant les vives contre-attaques allemandes. Elle permet cependant de fixer 75 % des panzers engagés sur le front normand, offrant ainsi aux troupes américaines d'attaquer avec une plus grande facilité.

Le 7 août 1944, le général Montgomery déclenche l'opération Totalize, au nord et à l'ouest de Falaise, à la sortie de la plaine de Caen. Après une difficile conquête des collines, les soldats canadiens de la 6e brigade entrent dans Falaise, le 17 août au matin. Le lendemain, les fusiliers du régiment Mont-Royal chassent les derniers Allemands de la ville. Le 19 août, les Allemands contre-attaquent mais sont repoussés.

La 1re armée canadienne, la 1re division blindée polonaise, la 2e armée britannique, la 1re armée américaine, la 2e division

21. Antony Beevor, *D-Day et la bataille de Normandie*, Calmann-Lévy, 2009.

blindée (DB) française, la 3e armée américaine participent à la bataille d'encerclement de la poche de Falaise-Chambois, qui se termine par un demi-succès, puisque la moitié de l'armée allemande parvient à s'échapper. Cette bataille de la poche de Falaise-Chambois conclut cependant la campagne de Normandie. Elle ouvre la voie à la libération de Paris. L'armée allemande doit opérer un vaste repli de la totalité de ses troupes en France vers la Hollande, la Belgique, le Luxembourg, la Lorraine, les Vosges et l'Alsace.

Durant les trois mois de la campagne de Normandie (juin à août 1944), l'armée allemande perd 240 000 hommes (tués et blessés) et les Alliés font 200 000 prisonniers. Les Britanniques, Canadiens et Polonais dénombrent 83 045 tués et blessés, et les Américains 125 846 (en comptant la 2e DB française). L'aviation alliée déplore 16 714 hommes tués ou portés disparus.

Promu maréchal de l'armée britannique le 1er septembre 1944, Montgomery estime ne pas avoir démérité en Normandie. À ce sujet, Daniel Feldmann et Cédric Mas écrivent avec justesse :

> Il impose aux Allemands d'engager leurs réserves blindées, là où lui concentre sa puissance de feu. Ne jamais laisser échapper l'initiative, éviter les reculs et frustrer Rommel, Rundstedt ou Kluge de toute possibilité de contre-offensive ou manœuvre, voilà qui lui semble plus important qu'une percée hypothétique et vulnérable aux contre-attaques. Privilégiant le moral de ses hommes à la possession territoriale, Montgomery se satisfait d'une tête de pont plus

> réduite que prévu, dès lors qu'il peut déployer son plan et priver la Wehrmacht de ses qualités manœuvrières. Que Caen ne soit pas conquis avant juillet n'a pas d'importance tant que les Allemands sont réduits à faire les pompiers d'un bout à l'autre du front, s'usant inexorablement, jusqu'à la rupture. À l'été 1944, le Royaume-Uni commence à manquer de troupes, les pertes ne sont plus remplacées. Malgré tout, Montgomery parvient à attaquer constamment, à défaire totalement l'ennemi et à préserver la puissance de ses forces. Son approche méthodique et l'exploitation de sa puissance de feu ne laissent aucune chance à l'ennemi de renverser le cours de la bataille. Après avoir pris du retard sur le planning initial, la percée du front puis l'exploitation permettent aux Américains comme aux Britanniques d'atteindre la Seine, de la franchir et de libérer jusqu'à la Belgique des mois plus tôt que prévu[22].

En conflit avec plusieurs généraux américains, Montgomery se voit retirer le commandement terrestre de l'ensemble des troupes alliées du front ouest, tout en conservant celui des forces anglo-canadiennes. La retraite générale de l'armée allemande offre à Monty l'occasion de briller de nouveau. Du moins le pense-t-il… Il propose au général Eisenhower un plan audacieux pour atteindre au plus vite la Ruhr à travers la Belgique et aux Pays-Bas. Pour y parvenir, il s'arroge la plus importante partie

---

22. Daniel Feldmann et Cédric Mas, « Montgomery, un général surestimé », *op. cit.*

de la logistique alliée, pourtant en difficulté. En effet, les principaux ports français restent aux mains des Allemands, qui les transforment en poches fortifiées de l'Atlantique, du Médoc à Dunkerque. Mais Monty n'a que faire de cette situation précaire, il veut traverser le Rhin le premier, avant les généraux américains, en particulier Patton, qu'il n'aime guère… Montgomery monte l'opération Market Garden, reposant sur le parachutage de trois divisions alliées sur Arnhem, aux Pays-Bas, pendant que des unités blindées britanniques et américaines s'élanceront pour les rejoindre. Cependant, Monty néglige les renseignements sur l'importance réelle des forces allemandes, bâcle la planification de l'offensive, notamment la progression des régiments de chars devant soutenir les parachutistes. Le résultat de cette opération mal préparée se termine par un désastre : 18 000 soldats alliés hors de combat contre à peine 8 000 soldats allemands. Le franchissement du Rhin est repoussé.

Cette défaite n'améliore pas les relations entre Montgomery et le commandement américain. Le détournement de la logistique pour cette opération a causé en partie l'arrêt de la progression américaine vers l'Allemagne. De même, durant la bataille des Ardennes de l'hiver 1944-1945, Monty s'attribue à tort l'échec final de l'offensive allemande, alors que les troupes britanniques y ont joué un rôle secondaire. Le général américain Bradley va jusqu'à déclarer que Monty s'est limité à de petites contre-attaques ayant surtout gêné le bon déploiement des troupes… américaines !

Désormais conscient des limites de Montgomery, Eisenhower place l'armée britannique sur le flanc nord de l'offensive alliée en Allemagne, un secteur secondaire, offrant ainsi aux troupes américaines le secteur central, devant permettre une progression au cœur du Reich, tandis que celui du sud, en direction de la Bavière et du Tyrol, est attribué à l'armée française du général de Lattre de Tassigny, après l'insistance du général de Gaulle. C'est donc aux Américains que revient la poussée vers Berlin. La presse américaine présente Monty comme l'archétype du maréchal britannique prétentieux, trop sûr de lui et incapable de s'entendre avec ses homologues alliés. En Grande-Bretagne, au contraire, la presse le présente comme le principal artisan de la défaite allemande. Il est mythifié depuis sa victoire d'El Alamein. Cependant, certains généraux britanniques ne se privent pas en privé de souligner ses limites. Tandis que Winston Churchill, connu pour son sens de l'humour, écrit au sujet de Monty : « Dans la défaite, invincible ; dans la victoire, insupportable[23]. »

C'est Patton qui franchit le Rhin le premier, le 22 mars 1945, soit un jour avant Montgomery, son rival. Cependant, le 2 mai, Monty atteint la Baltique, puis obtient la capitulation des troupes allemandes du nord-est du Reich deux jours plus tard.

Chef de l'état-major impérial britannique en 1946, Montgomery occupe ensuite de hautes fonctions dans l'Otan en 1951, puis prend sa retraite en 1958. Il rédige alors ses Mémoires de guerre, dans lesquels il raconte, à sa manière, le déroulement de ce conflit mondial, en mettant en avant ses succès militaires, tout en minimisant

23. Archives militaires britanniques, Londres.

ses fautes tactiques ou stratégiques, ou les faisant injustement reposer sur ses subordonnés ou les autres officiers alliés. Eisenhower n'est pas épargné, sans oublier Patton. Cet ouvrage, hautement égocentrique, connaît un succès limité à la Grande-Bretagne. Montgomery décède le 24 mars 1976 à l'âge de 88 ans.

S'il s'est avéré un médiocre stratège et un tacticien controversé, il a en revanche déployé un réel talent dans la construction de son image publique. De même, son ascétisme lui vaut l'estime de ses soldats, sans oublier ses choix judicieux de subordonnés compétents. De plus, il s'est toujours attaché à la bonne condition de vie de ses hommes. Il a réellement brillé dans l'organisation de certaines de ses offensives. Planificateur méticuleux, il a cependant laissé échapper des victoires totales par manque d'audace dans la poursuite de l'adversaire, sauf pour l'opération Market Garden qui, mal préparée, va être la plus importante défaite… alliée en 1944.

George Patton, un mythe savamment entretenu

De loin le général américain le plus célèbre de la Seconde Guerre mondiale, mis en avant par la propagande de guerre, le cinéma hollywoodien et des biographies dépourvues de tout sens critique, George Patton incarne pour beaucoup la figure invincible de l'officier américain. Et pourtant…

Né en Californie le 11 novembre 1885, Patton grandit dans le ranch familial sans aller à l'école, suivant l'enseignement donné par ses parents et quelques précepteurs. On lui enseigne l'histoire, la morale, ainsi que la religion chrétienne, qu'il teinte de croyances orientales comme la réincarnation. Il est convaincu d'avoir été un légionnaire romain, un conquistador espagnol, un arquebusier du roi de France, puis un général de Napoléon. Persuadé de pouvoir forger sa destinée par son unique volonté, il développe un orgueil démesuré et une immense confiance en soi. Il intègre l'école militaire de West Point en 1904. Taciturne ou « grande gueule », autoritaire et agressif, il entretient une image déplorable auprès des autres cadets. À l'issue de son passage à West Point, il choisit la cavalerie en 1909. Après divers postes aux États-Unis et en Europe, il participe à la fin de la Première Guerre mondiale sur le front français.

Commandant d'une brigade de chars Renault FT-17 à Saint-Mihiel, en septembre 1918, le colonel Patton participe à cette offensive. Un « succès » monté en épingle par la propagande de l'époque, alors qu'en réalité Patton est vivement critiqué par sa hiérarchie pour avoir quitté son poste de commandement (PC) durant toute la bataille, en s'exposant inutilement en première ligne pour briller auprès de ses hommes. Ainsi court-circuite-t-il la conduite des opérations des états-majors. De plus, la progression américaine est uniquement liée à la retraite volontaire des troupes allemandes sur une seconde ligne de défense, plus solide.

Après cette bataille, Patton et sa brigade blindée participent à l'offensive Meuse-Argonne, lancée le 26 septembre 1918. Or, dès le premier jour, en fin de matinée, il est blessé au village de Cheppy, après s'être porté auprès de ses hommes plutôt que de rester à son PC, où il aurait été en mesure de mieux diriger les opérations. Désormais sans chef, sa brigade perd 100 chars en trois jours sur les 155 disponibles. La percée tant espérée est un échec complet.

Lors du débarquement des Alliés en Afrique du Nord, en novembre 1942, le général Patton commande une importante force armée qui doit occuper le Maroc. Les troupes françaises de Vichy manquent de peu de rejeter Patton et ses soldats à la mer. Alors que l'Algérie a déposé les armes, Patton ne parvient toujours pas à entrer à Casablanca et déplore la perte de plus de 1 000 soldats (tués ou blessés), alors qu'il dispose d'une écrasante supériorité numérique et matérielle. Peu après, l'armée française d'Afrique finit par rallier les troupes américaines et britanniques.

Du 17 au 28 mars 1943, à El Guettar en Tunisie, sur un front de 70 kilomètres, le 2e corps américain du général Patton, fort de 88 000 soldats, 300 chars et 200 pièces d'artillerie, affronte la division blindée italienne Centauro du général Calvi di Bergolo, réduite à 7 850 soldats, 30 blindés, 40 canons de campagne et 12 canons antichars. Malgré l'écrasante supériorité numérique américaine, les troupes italiennes, luttant avec une bravoure extraordinaire, repoussent durant douze jours toutes les attaques. Les soldats américains se heurtent à des soldats italiens d'élite, ayant deux à trois années d'expérience de guerre. Patton se dévoile un piètre tacticien, accumulant les erreurs sur le terrain. Les attaques américaines, mal coordonnées, sont systématiquement repoussées par d'habiles contre-attaques italiennes.

La bataille d'El Guettar se termine par de lourdes pertes américaines, avec 5 000 soldats tués ou blessés,

1 500 prisonniers, 60 blindés détruits, contre 2 500 soldats italiens tués ou blessés et 20 chars détruits. Le succès italien est d'autant plus remarquable que les chars Fiat-Ansaldo M14/41 (14 tonnes) sont nettement inférieurs en qualité aux Sherman américains (32 tonnes), mais les tankistes italiens, plus expérimentés, font la différence sur le terrain. Le 5e régiment des bersaglieri du lieutenant-colonel Aldo Raimondi reprend les positions perdues, en faisant de nombreux prisonniers américains. Le manque de renforts empêche de transformer cette victoire défensive italienne en une véritable déroute de l'armée américaine. Bien entendu, la propagande de guerre américaine passe sous silence les échecs de Patton contre les Italiens, en faisant croire que l'adversaire principal est allemand ! Le film de guerre américain, *Patton,* réalisé par Franklin Schaffner en 1970, à la gloire de Patton, est révélateur à ce sujet : on ne voit pas un seul soldat italien lors des scènes de combat se déroulant en Tunisie…

Prenant le commandement de la 7e armée américaine lors du débarquement en Sicile, le 10 juillet 1943, Patton veut sa revanche. Lors de la bataille de Gela (10-12 juillet 1943), il affronte principalement des troupes italiennes. Bien que disposant d'une force militaire de 40 000 soldats américains contre 18 000 soldats italiens, Patton rencontre les pires difficultés pour vaincre ses adversaires. L'appui feu de la puissante force navale permet de contenir la fougueuse contre-attaque de la division d'infanterie italienne Livorno, qui manque de peu de rejeter les Américains à la mer. Dans un premier temps, les braves fantassins italiens bousculent les positions américaines et arrivent à seulement 100 mètres de la plage. C'est alors que l'artillerie navale américaine, avec ses puissants canons de 152 et 127 mm, tire plus de 600 obus sur l'infanterie italienne, provoquant un véritable massacre. En seulement une journée de combat, la division Livorno déplore 7 214 tués ou blessés sur 10 400 soldats engagés !

Les jours suivants, les troupes de Patton rencontrent une résistance acharnée d'autres unités italiennes. C'est le cas à Santo Pietro, où 3 000 soldats américains de la 45e division d'infanterie sont tenus en échec toute une journée par 500 soldats italiens du 76e régiment d'infanterie. Se sentant humiliés, le capitaine Compton, le sergent West et leurs soldats massacrent 73 prisonniers italiens désarmés, ayant lutté jusqu'à l'épuisement total des munitions. Le général Patton, cherchant à couvrir les assassins de ce crime de guerre, affirme à son supérieur, le général Bradley, qu'il s'agit de civils armés, donc des francs-tireurs. Mais Bradley n'en croit rien et lance une enquête, menant à la formation d'une cour martiale secrète pour juger le capitaine Compton et le sergent West. Assez curieusement, Patton n'est pas inquiété, bien qu'il soit moralement responsable, en ayant poussé ses officiers et ses soldats à ne pas épargner les prisonniers militaires italiens. Il n'a pas digéré ses revers contre l'armée italienne en Tunisie.

Les opérations de Gela et de Santo Pietro coûtent de lourdes pertes à l'armée américaine, avec 3 900 tués ou blessés, sans oublier une dizaine de navires coulés ou endommagés, victimes des attaques aériennes italiennes.

En rivalité avec le général britannique Montgomery, l'égocentrique général Patton ordonne à ses troupes de suivre la ligne de moindre résistance le long du littoral occidental, conduisant jusqu'à Palerme, après un raid de 250 kilomètres aussi spectaculaire qu'inutile : la décision se fait en réalité à proximité du détroit de Messine, le cordon ombilical qui relie la Sicile à la botte italienne, où le commandement germano-italien parvient à évacuer le gros de ses troupes sur le continent, à la suite des rivalités opposant Patton à Montgomery. C'est ainsi que 75 000 soldats italiens et 39 000 soldats allemands parviennent à rejoindre la Calabre, avec un important matériel, composé du côté italien de 42 pièces d'artillerie, de 38 canons antichars et de 500 véhicules, et du côté allemand de 47 chars, de 94 pièces d'artillerie et de nombreux véhicules.

Outre ses grossières erreurs stratégiques sur le terrain, Patton fait preuve de racisme envers les Italiens, comportement qui trouve un écho dramatique dans les exactions commises par ses troupes en Sicile. Il leur recommande d'être impitoyables envers les civils et les prisonniers militaires italiens. Le 15 juillet 1943, une centaine de prisonniers militaires italiens sont abattus à la mitrailleuse près de Comiso. À Canicatti, une dizaine de civils sont tués et une centaine d'autres blessés par des soldats américains, qui reçoivent l'ordre de Patton de tirer dans la foule !

Ces terribles affaires sont étouffées par le commandement supérieur, mais Patton vacille sur son piédestal, perdant tout commandement opérationnel durant près d'un an pour motif disciplinaire. Durant la campagne de Sicile, il a également giflé deux blessés américains commotionnés, qu'il prend pour des lâches. On lui reproche surtout d'avoir laissé s'échapper le gros de l'armée ennemie en Sicile.

Le général Patton, souvent présenté comme l'officier américain ayant joué un rôle décisif en Normandie, en tant que commandant de la 3e armée américaine, n'entre en ligne que le 1er août 1944. La fameuse percée d'Avranches qu'il s'attribue est en réalité réalisée le 30 juillet. Il n'est donc pour rien dans cette victoire. Ce sont Montgomery, Bradley et Collins qui ont planifié, enfoncé le front et engagé l'exploitation. De plus, les troupes britanniques et canadiennes affrontent 75 % des panzerdivisions engagées en Normandie. Patton, qui entre en scène après la percée, n'a plus qu'à pousser ses troupes par le couloir d'Avranches pour les répandre en France, sans grande résistance de l'ennemi, décimé par près de trois mois de combat. Un des corps d'armée de Patton libère la Bretagne, mais échoue à s'emparer des ports stratégiques, transformés en forteresse par les Allemands. Les trois autres corps de la 3e armée du général Patton foncent vers la Loire, la Seine, la Meuse et la Moselle, sans rencontrer de grandes résistances, l'adversaire se trouvant en pleine retraite.

Devant Metz, l'armée Patton est tenue en échec durant tout le mois de septembre 1944. Les forts des environs de la ville résistent même jusqu'à la mi-décembre 1944. En voulant courir deux lièvres à la fois, conquête de Metz et poussée immédiate sur le Rhin, Patton se disperse. Depuis août 1944, motivé par ses ambitions personnelles, il ne pense qu'à passer le Rhin le premier, sans vision globale de la guerre, méprisant adversaires et alliés. Paranoïaque, il pense que les plans stratégiques du commandement allié ne sont que des complots pour le priver de la victoire finale.

Dans les Ardennes, en décembre 1944 et en janvier 1945, alors que Patton ambitionne de renverser le sort de la bataille, ses principales attaques sont violemment repoussées. Il faut que le commandement allemand décide le repli de ses troupes, le 8 janvier 1945, pour que Patton puisse enfin progresser au-delà de Bastogne, grâce également au soutien massif de l'aviation américaine. Lors des combats dans les Ardennes, les régiments de Patton déplorent 30 000 soldats tués ou blessés. Sa 4e division blindée compte 1 400 soldats hors de combat (tués ou blessés) et 200 chars détruits. L'ultime campagne de Patton est celle d'Allemagne, où sa 3e armée ne rencontre qu'une résistance symbolique, le IIIe Reich étant sur le point de s'effondrer. Patton atteint la Tchécoslovaquie le 6 mai 1945[24].

Le 9 décembre 1945, victime d'un accident de la route, Patton est hospitalisé d'urgence à l'hôpital militaire d'Heidelberg, en Allemagne, où les médecins font un diagnostic plus que réservé. Il décède finalement d'une insuffisance cardiaque le 21 décembre 1945. Selon ses souhaits, il est inhumé au cimetière militaire américain de Hamm, au Luxembourg, au milieu des soldats de sa 3e armée.

24. Lire : Jean-Claude Delhez, *Chars d'assaut, un siècle d'imposture*, Jourdan 2017 ; Nicolas Aubin, « Patton, le meilleur général américain », chapitre 14, dans Jean Lopez et Olivier Wieworka (dir.), *Les Mythes de la Seconde Guerre mondiale*, vol. 2, Perrin, 2017.

2.
LES OUBLIÉS DE LA LIBÉRATION

Depuis des décennies, on nous raconte que la France a été libérée par l'armée américaine, en oubliant de signaler que le débarquement et la bataille de Normandie en juin-août 1944 ont été marqués par l'engagement de 60 % de troupes britanniques, canadiennes et françaises (en comptant la résistance intérieure) et de 40 % d'unités américaines. De même, le débarquement et la bataille de Provence en août 1944 nécessitent le déploiement de 250 000 soldats français et de 150 000 soldats américains. Enfin, 60 % du territoire français est libéré uniquement par les Britanniques, les Canadiens et les Français (maquis et armée régulière). Sans dénigrer l'apport important de l'armée américaine, ces chiffres, souvent méconnus ou volontairement occultés, permettent de comprendre ces opérations militaires dans leur globalité et non à travers le prisme d'un réductionnisme américain. De plus, durant la période décisive de 1944-1945, l'armée soviétique affronte de son côté 60 % des forces allemandes. Sur les 5 500 000 soldats allemands morts durant la Seconde Guerre mondiale, 4 000 000 sont tombés contre l'armée soviétique.

L'efficacité méconnue des maquis du Sud-Ouest, de l'Auvergne, de la Bourgogne et de l'Ain

La résistance intérieure française fournit aux Alliés 80 % des renseignements sur les forces et les défenses allemandes, déterminant le choix judicieux du débarquement des Alliés en Normandie. Du 6 au 12 juin 1944, les maquis et les réseaux français accomplissent 1 200 sabotages, ce qui retarde de plusieurs jours l'arrivée des renforts allemands en Normandie et consolide ainsi la tête de pont des Alliés. Les deux régiments parachutistes français (2e et 3e RCP), engagés en Bretagne aux côtés de maquis locaux, fixent dans la guérilla de nombreuses unités allemandes qui ne peuvent intervenir à temps en Normandie.

Durant des décennies, on s'est focalisés sur les combats des Glières et du Vercors pour mettre en valeur le travail de la Résistance en 1944. Deux combats malheureux qui ont entraîné la dispersion des maquis contre un adversaire plus nombreux et mieux armé. Or, dans le Sud-Ouest de la France, les maquis ont mené une habile et efficace guérilla mobile, marquée par des sabotages et des embuscades, ayant fixé 190 000 soldats allemands. Un succès tactique complet, ayant entraîné la capitulation de nombreuses garnisons allemandes en Limousin, en Charente-Maritime, en Charente, en Aquitaine et en Midi-Pyrénées.

Sur ces 190 000 soldats allemands (terre, marine, aviation, police, SS) présents dans le Sud-Ouest en mai 1944, 32 700 sont mis hors de combat (tués, blessés ou capturés) de juin à août 1944 par les FFI (AS, FTP, ORA), 25 000

dans l'Indre et la région d'Autun en septembre 1944, 30 000 de septembre 1944 à mai 1945 sur les fronts de l'Atlantique, de Charente-Maritime et du Médoc par les forces militaires françaises, majoritairement issues des maquis, soit un total de 87 700 soldats allemands tués, blessés, capturés de juin 1944 à mai 1945.
Le 27 juillet 1944, la résistance landaise détruit 73 wagons de munitions en gare de Laluque. En Dordogne, à Javerlhac, la section spéciale de sabotage du capitaine Jacques Nancy, forte d'une centaine d'hommes, repousse le 24 juillet 1944 une colonne allemande de 400 soldats, dont la moitié est mise hors de combat. Le 23 août, la garnison allemande d'Oloron-Sainte-Marie (150 hommes) tente de rejoindre l'Espagne, mais doit capituler après un violent combat contre les maquisards du corps franc Pommiès. D'autres colonnes allemandes, qui tentent de se réfugier en Espagne, sont également capturées par les FFI. C'est le cas à Borce, où 104 soldats allemands, encerclés par les maquisards locaux, se rendent le 24 août. La libération de Bayonne, Biarritz, Saint-Jean-de-Luz, Socoa et Hendaye, le 21 août, permet au bataillon FFI Passicot de capturer 168 soldats allemands.
Le 9 juillet 1944, le colonel Georges Guingouin, chef des FTP de la Haute-Vienne, apprend qu'une importante colonne allemande, après avoir opéré contre les maquis du Cantal, arrive en Corrèze et se dirige sur la Haute-Vienne. Il s'agit de la brigade Jesser, forte de 2 500 hommes et de 500 véhicules. D'autres nouvelles alarmantes parviennent au PC de Guingouin : en plus de cette attaque venant de l'est, les FTP vont devoir faire face, au sud, au 95e régiment allemand de sécurité venant de Brive et Tulle, par la Croisille, et à l'ouest, à

un bataillon de *Schutzpolizei* de la garnison de Limoges, accompagné de 600 miliciens, arrivant sur Linard. C'est donc une manœuvre d'encerclement que va tenter l'occupant. Les assaillants alignent 4 800 hommes contre 3 500 maquisards. Cette bataille se déroule principalement autour du mont Gargan du 17 au 24 juillet 1944. L'occupant déplore 342 tués ou blessés contre 97 du côté des maquisards. L'encerclement allemand est un échec cuisant. Le 21 août, les maquis de la Haute-Vienne obtiennent la capitulation de la garnison allemande de Limoges, forte de 362 soldats.

Dès le 15 août 1944, la garnison allemande de Brive, totalement démoralisée, se rend aux FFI : 493 prisonniers, dont 17 officiers, 14 canons, 3 mortiers lourds… tombent aux mains de la Résistance.

À Lourdes, dans les Hautes-Pyrénées, la garnison allemande de 340 soldats est contrainte de se rendre à la résistance locale le 19 août 1944. Le même jour, les 350 soldats allemands de la garnison de Tarbes, répartis dans un convoi d'une quarantaine de véhicules, quittent la ville et se heurtent à divers éléments du corps franc Pommiès. La capitulation allemande est effective le lendemain.

Dans le Gers, le 19 août 1944, vers 15 h 30, la garnison allemande d'Auch, forte de 350 hommes bien armés, prend la direction de Toulouse. Elle se heurte rapidement à une série d'obstacles mis en place par diverses unités FFI, dont des éléments du corps franc Pommiès et du bataillon d'Armagnac du capitaine Maurice Parisot. La bataille fait rage le lendemain à l'Isle-Jourdain, durant laquelle les FFI déplorent 38 tués ou blessés, mais 192 soldats allemands sont contraints de se rendre, les autres étant tués durant

les combats. Un important matériel est récupéré par les maquisards.
Le 19 août 1944, une colonne allemande de 400 hommes tente de pénétrer dans Montauban, aux mains des FFI. Après un dur affrontement, 200 Allemands se rendent, pour la perte légère de six tués et neuf blessés chez les maquisards.
Dans le département de l'Ariège, les guérilleros espagnols, avec Ramón Rubio, les officiers parachutés Bigeard et Crypt, les FFI du lieutenant-colonel Aubert luttent contre l'occupant. Ils prennent et reperdent Saint-Girons le 20 août 1944.

Les Allemands, écrit Henri Noguères, ont, en effet, encore de la ressource. Ils vont le prouver à Rimont, où pendant deux jours va se livrer une bataille acharnée et meurtrière opposant une colonne motorisée et blindée, composée en majeure partie de Mongols et de « Turkestans », à deux bataillons de guérilleros renforcés par les FFI.
Quand le combat cessera le 22 août au soir avec la reddition du commandant allemand, du village de Rimont, il ne restera rien. Mais l'ennemi aura perdu 150 hommes tués et 1 540 prisonniers. Les guérilleros, après avoir définitivement nettoyé l'Ariège, poursuivront les colonnes ennemies jusque dans le Tarn, où ils se battront à Gaillac, Carmaux, Albi, Castres, en liaison avec les FTP d'André Calvayrac, les FFI de Durenque, les groupes Vény d'Antoine, les maquis Lenoir, Stalingrad[25]…

25. Henri Noguères, *Histoire de la Résistance en France*, Robert Laffont, 1981.

Au total, en Midi-Pyrénées, 13 000 soldats allemands sont mis hors de combat (tués, blessés et prisonniers) durant l'été 1944.

En Charente, le 30 août 1944, les maquisards tendent de nombreuses embuscades aux 5 000 soldats allemands quittant Angoulême par sections successives. Des prisonniers sont faits, de nombreux camions détruits. La ville d'Angoulême est libérée dans la nuit du 31 août au 1er septembre 1944. Les 7 000 résistants charentais ont définitivement libéré leur département avec l'aide des maquis venus de Dordogne et de Charente-Maritime.

La libération de la Charente-Maritime est marquée par l'un des plus formidables succès de la Résistance, avec la destruction du dépôt allemand de Jonzac, où se trouve entreposé l'équivalent de 120 wagons de munitions, dans d'anciennes carrières. On compte également 133 pièces d'artillerie de divers calibres. L'ensemble est protégé par une voûte rocheuse de 20 mètres, rendant impossible un bombardement aérien. Il ne reste que la solution du sabotage par la résistance locale.

Le volontaire pour cette mission suicide se nomme Pierre Ruibet, membre de l'Organisation civile et militaire (OCM). Aux côtés des résistants Marchadier, Crauste et Gatineau, le jeune Ruibet prépare activement l'opération. Le 30 juin 1944, Ruibet met en place les explosifs, après avoir déjoué la présence allemande.

Pendant deux jours, les explosions se succèdent dans l'immense carrière, et l'on retrouve, quelques jours plus tard, le corps du sous-lieutenant Ruibet et ceux de 17 soldats allemands. Gatineau, reconnu par les Allemands, est arrêté,

livré à la Gestapo et torturé. Il refuse de parler. Le 1er juillet, à 21 h 30, il est fusillé, en soldat, les yeux non bandés. Ses dernières paroles sont : « Vive la France ! »
Le groupe AS-OCM Bernard se distingue particulièrement lors de la libération de la Charente-Maritime. Le 1er septembre 1944, avec la participation du détachement FFI Soulet, venu des Hautes-Pyrénées, le groupe Bernard, fort d'une centaine d'hommes, obtient la reddition de la garnison allemande de Jonzac, reposant sur 235 soldats, dont 5 officiers.
En Auvergne et en Bourgogne, les maquis se distinguent également par une guérilla très efficace, aboutissant à la capitulation de nombreuses unités allemandes. À Rueyres, la garnison allemande de 120 soldats capitule le 20 août 1944 devant deux compagnies FFI. La garnison allemande du Puy, forte de 800 hommes, se rend le 18 août aux maquis locaux. De plus, les FFI venus de l'Ardèche, du Puy-de-Dôme et de la Loire participent à la capture de 600 autres soldats allemands près du Puy. Les FFI du Puy-de-Dôme du colonel Garcie multiplient embuscades et sabotages contre les colonnes allemandes. Le 25 août, les FTP du commandant André Rossignol capturent un bataillon SS de 325 soldats.
Entre le 8 juin et le 15 août 1944, pour l'unique département de la Côte-d'Or, on dénombre 223 sabotages. Les 2 et 3 août 1944, le maquis Montcalm, fort d'un millier d'hommes, livre une véritable bataille près de Mussy-sur-Seine. Il parvient à éviter l'encerclement, après avoir infligé de lourdes pertes à l'occupant : 250 soldats allemands sont tués ou blessés contre 46 maquisards.

Le maquis Valmy, fort de 232 hommes, met hors de combat 600 soldats allemands, détruit 1 avion, 1 char, 24 camions et 12 voitures du 15 au 30 août 1944. Il s'empare de 1 canon de 105 mm, de 3 mitrailleuses lourdes, de 18 mitrailleuses légères, de 16 fusils-mitrailleurs, de 220 fusils et de 22 voitures, durant la même période. Il déplore dans ses rangs 11 hommes tués au combat. Après sa jonction avec la 1re division blindée française, ce maquis pénètre le premier dans Nuits-Saint-Georges. Puis, lors d'opérations de nettoyage menées dans l'arrière-côte jusqu'au 16 septembre 1944, le maquis Valmy capture 130 soldats allemands, relève 140 blessés ennemis, tue 150 soldats allemands et se saisit de 10 obusiers.
À Châtillon, la Résistance livre une véritable bataille. Le colonel Monod rameute tous les maquis disponibles, soit 600 hommes qui affrontent 5 000 soldats allemands durant plusieurs jours en septembre 1944. Finalement soutenus par des éléments de la 2e division blindée (DB) française, les maquisards capturent 235 soldats allemands, s'emparent de 70 véhicules, dont 54 camions. Les Allemands déplorent également 150 tués sur le terrain.
Dès la première semaine de juin 1944, la Résistance dans l'Ain, sous les ordres du colonel Henri Romans-Petit, fixe l'occupant sur ses bases, multiplie les sabotages ferroviaires et routiers. Le groupement sud des maquis de l'Ain détruit 52 locomotives, 10 machines-outils, 1 plaque tournante. Le groupement nord plastique 38 locomotives, les aiguillages, 1 plaque tournante et 1 pont transbordeur. Toutes les voies ferrées sont rendues inutilisables. Les trains blindés sont attaqués.

À la mi-juin, les maquis de l'Ain règnent sur toute la partie montagneuse du département, plus de 600 km² de territoire sont libérés, avec des localités importantes comme Nantua, Oyonnax, Hauteville, Saint-Rambert.
Le 10 juin 1944, l'occupant lance une importante opération militaire contre le groupement nord des maquis de l'Ain. Près de 2 000 maquisards affrontent 6 000 soldats allemands. La guérilla mobile cause de lourdes pertes à l'ennemi. Le 25, Londres fait effectuer un parachutage important sur le terrain de Port. Une trentaine d'avions parachutent plus de 500 containers remplis d'armes, de vivres et de munitions.
En juillet 1944, attaqués par 20 000 soldats allemands, les 5 000 maquisards du département de l'Ain parviennent à déjouer l'encerclement. Si les résistants comptent 80 tués et une centaine de blessés, l'adversaire déplore 400 tués ou blessés dans ses rangs.
À la suite du débarquement des Alliés en Provence, le 15 août 1944, les maquis de l'Ain passent partout à l'attaque, capturent des garnisons allemandes, mitraillent des convois ennemis, soutiennent les soldats français de l'armée du général de Lattre de Tassigny. Les avant-gardes de la 1re armée française progressent finalement sur un terrain nettoyé par les FFI, par les axes Oyonnax-Saint-Claude et Bellegarde-Gex. La victoire des maquis de l'Ain est complète.

L'incroyable victoire française contre la colonne allemande Elster

Sous la pression des débarquements alliés en Normandie et en Provence, sans oublier les embuscades et les sabotages de la Résistance, le général allemand Botho Elster doit, à compter du 19 août 1944, former une colonne de 25 500 soldats devant évacuer le Sud-Ouest de la France, afin de rejoindre les Vosges et l'Alsace. Cette force militaire comprend notamment les 158e et 159e divisions d'infanterie, le 692e bataillon de sécurité, des marins de la Kriegsmarine, des artilleurs et mitrailleurs de la Luftwaffe, des feldgendarmes et des douaniers, des auxiliaires des pays de l'Est, sans oublier 2 000 femmes de divers services. La progression par le centre de la France doit s'effectuer avec des véhicules à moteur, des charrettes à cheval, des bicyclettes, voire à pied. Le général Elster est contraint d'utiliser les routes secondaires, afin d'éviter les attaques de l'aviation alliée, mais il s'expose ainsi aux embuscades des maquis. Lorsqu'il installe son état-major à Châteauroux, son arrière-garde se trouve à Poitiers, à 100 kilomètres en arrière.

La colonne Elster va subir une centaine d'embuscades des maquis (AS, FTP, ORA) de la Charente, de la Dordogne, du Limousin, de l'Indre et de la Vienne.

Les 20 et 21 août 1944, la colonne Elster se regroupe autour de Libourne et tente, dans un premier temps, de passer par la Dordogne, la Corrèze et la Haute-Vienne, mais se heurte aux puissants maquis locaux qui lui causent de lourdes pertes. Elle doit finalement se diriger vers Angoulême, qu'elle parvient à atteindre difficilement le 25 août, puis remonte vers le nord de Poitiers, mais est harcelée tous les jours par les maquis de la Charente et de la Vienne. De Poitiers, elle prend la direction de Châteauroux. Du 3 au 6 septembre 1944, la colonne Elster subit les embuscades de la brigade FFI

Charles-Martel du colonel Chomel et des maquis de l'Indre du colonel Minguet. Ces opérations dispersent et démoralisent les troupes allemandes. De plus, depuis le 4 septembre 1944, les parachutistes FFL du 4e SAS (2e régiment de chasseurs parachutistes) mènent des raids commandos très efficaces au sud de la Loire.
Le 7 septembre 1944, l'avant-garde de la colonne Elster est attaquée de tous côtés par les maquisards lorsqu'elle s'approche du Cher. L'aviation alliée intervient sporadiquement. Les maquis, positionnés sur la route de Châteauroux à Issoudun, causent de lourdes pertes à l'adversaire, qui déplore 400 soldats tués, le double de blessés, la mort de 300 chevaux et la destruction de 70 véhicules à moteur. Le 1er régiment FFI d'infanterie du Cher du commandant Bertrand intervient dans la bataille. La colonne FFI Schneider, venant du Sud-Ouest et comprenant notamment le puissant corps franc Pommiès, participe également à l'action. Le 9 septembre, le commandant allemand de l'avant-garde de la colonne Elster tombe sous les balles des maquisards, tandis que le chef d'état-major est capturé. Les ponts sur la Loire, dont la colonne Elster veut absolument s'emparer, sont tenus par les FFI ou détruits.
Durant la nuit du 9 au 10 septembre 1944, la colonne Elster lance une puissante offensive pour s'emparer du pont de Decize et rejoindre ainsi Autun, mais se heurte à la résistance acharnée du groupe FFI Thollon. Le pont est finalement détruit par les maquisards. Les soldats allemands doivent se replier au lever du jour. Au matin du 10 septembre 1944, le général Elster se rend compte que la situation est désormais sans issue pour sa puissante

colonne. Il apprend aussi la capture de la colonne du général Bauer, forte de 5 000 soldats, à Autun, après une bataille contre les FFI, dont le corps franc Pommiès, et des éléments avancés de l'armée française du général de Lattre de Tassigny.

Le 10 septembre 1944, le général Elster signe à la préfecture d'Issoudun, à 17 heures, sa reddition devant le général Robert Macon, commandant de la 83e division d'infanterie américaine, en présence du colonel Baker, chef d'état-major du général Simpson, commandant de la 9e armée américaine, du major britannique Mac-Stafford et du colonel français Chomel. Le général Elster accepte que l'ensemble de sa colonne se rende aux troupes françaises, dont les parachutistes FFL-SAS du colonel Bourgoin.

La résistance française vient de remporter l'une de ses plus importantes victoires, avec la capture de 19 605 soldats allemands, dont 472 officiers, avec 43 canons de campagne et de DCA, 24 000 armes individuelles, 557 mitrailleuses, 375 camions et 501 automobiles, sans oublier 2 000 chevaux. La puissante colonne Elster déplore également 6 000 hommes tués ou portés disparus.

Les pertes de la Résistance ne sont pas connues avec exactitude, mais l'unique brigade Charles-Martel, très active, compte dans ses rangs 74 tués et 68 blessés. On estime cependant qu'environ 300 résistants français ont été tués ou blessés durant ces durs combats. Des pertes largement compensées par la capture de 19 605 soldats et officiers allemands, sans oublier les 6 000 autres tués ou portés disparus.

Pourtant, cette victoire incroyable de la résistance française demeure largement méconnue de nos jours.

Provence 1944 : le débarquement oublié de la Libération

On connaît en détail le débarquement de Normandie, largement mis en avant par le cinéma américain, de nombreux livres et documentaires. Mais que sait-on de celui de Provence en août 1944, ayant requis l'engagement de 250 000 soldats français, de 150 000 soldats américains et britanniques contre 210 000 soldats allemands ? Le mur allemand de cette partie de la Méditerranée repose sur 600 ouvrages bétonnés. Toulon et Marseille forment deux importantes forteresses, avec 400 pièces d'artillerie de tous calibres, dont des canons de marine de 340 mm. Les forces militaires françaises, formant l'armée B du général de Lattre de Tassigny, reposent sur la 1re division française libre (DFL) du général Brosset, la 9e division d'infanterie coloniale (DIC) du général Magnan, la 3e division d'infanterie algérienne (DIA) du général de Monsabert, la 4e division marocaine de montagne (DMM) du général Sevez, la 2e division d'infanterie marocaine (DIM) du général Dody, la 1re division blindée (DB) du général Touzet du Vigier, la 5e division blindée (DB) du général de Vernejoul, les commandos d'Afrique du lieutenant-colonel Bouvet.

La force navale alliée aligne 880 navires de guerre et 1 370 embarcations de débarquement. Il convient d'y ajouter 5 000 appareils alliés (chasseurs, bombardiers de reconnaissance ou transport).

Le 15 août 1944, dès 4 heures du matin, 535 avions de transport et 410 planeurs déposent à La Motte, à Sainte-Roseline et à Roquebrune près de 10 000 parachutistes alliés, avec 213 canons ou mortiers et 220 Jeep. Soutenus par les maquis de la région, les paras alliés libèrent Le Muy, Draguignan, Saint-Tropez, puis capturent la totalité de l'état-major allemand devant assurer la défense du littoral, de Bandol à Menton.

Le même jour, trois divisions américaines d'infanterie, appuyées par la 1re division blindée française, débarquent avec succès et progressent sur les plages de Cavalaire, de Pampelonne, de La Nartelle, de La Garonnette, du Dramont, d'Anthéor. Les divisions alliées enfoncent les défenses des 242e et 148e divisions allemandes d'infanterie (DI). Dans la nuit du 16 au 17 août, les Alliés occupent une tête de pont de trente kilomètres de profondeur et de quarante kilomètres de largeur. Plus de 130 000 hommes ont débarqué, avec 18 000 véhicules et 7 000 tonnes de ravitaillement. On dénombre 5 300 prisonniers allemands et 1 300 soldats alliés tués ou blessés.

Le 16 août 1944, le premier échelon français de l'armée B débarque à son tour sur les plages de Sainte-Maxime à Cavalaire. Le même jour, le général Wiese, commandant des troupes allemandes du sud-est de la France, reçoit l'ordre de se replier en direction de la Bourgogne et de la Franche-Comté. Deux divisions doivent cependant défendre Toulon et Marseille, et détruire toutes les installations portuaires.

Pendant que les troupes américaines exploitent le succès du débarquement en direction de la vallée du Rhône et de la route des Alpes, le général de Lattre de Tassigny doit s'emparer de Toulon et Marscille, deux ports stratégiques dans la poursuite de la guerre.

La puissante garnison allemande de Toulon, sous les ordres de l'amiral Ruhfus, aligne 18 000 soldats (issus de la 242e DI, de la Kriegsmarine et de la Luftwaffe), 200 pièces d'artillerie, 30 forts et de nombreux bunkers. Le général de Lattre de Tassigny ne peut aligner pour le moment que 16 000 soldats, provenant de la 3e DIA, de la 1re DFL, de la 9e DIC, du bataillon de choc et des commandos d'Afrique, sans oublier une trentaine de chars et 80 canons.
Du 20 au 27 août 1944, les troupes françaises, en infériorité numérique, doivent livrer de terribles combats pour s'emparer de la forteresse de Toulon. On dénombre 2 700 soldats français tués ou blessés, tandis qu'un millier de soldats allemands sont tués et 17 000 autres faits prisonniers. Le plus important port de guerre de France tombe ainsi aux mains des Alliés, permettant d'assurer un ravitaillement essentiel à la poursuite de la guerre, malgré les nombreuses destructions portuaires commises par les Allemands.
À Marseille, le général allemand Schaefer, commandant de la 244e DI, aligne 13 000 hommes et 200 pièces d'artillerie. De son côté, le général de Monsabert, devant assurer la conquête de cette cité et de son port, peut compter sur une partie de la 3e DIA (10 000 hommes), sans oublier un groupement blindé d'appui de la 1re DB française.

> À Marseille, écrit Paul Gaujac, poussés par Monsabert qui contrevient aux ordres de l'armée B, cuirassiers, goumiers et tirailleurs pénètrent dans la ville, dégagent les FFI en mauvaise posture et obtiennent la reddition des Allemands avec un minimum de pertes.

> Après de violents combats autour d'Aubagne, les fantassins nord-africains s'infiltrent en effet par la montagne à travers un dispositif auquel l'ennemi n'a pas eu le loisir d'apporter la même densité qu'à Toulon et dont les arrières sont menacés par le soulèvement des FFI déclenché le 21 août. Utilisant la tactique maintes fois éprouvée en Italie, les tirailleurs pénètrent par les faubourgs et, le 23 août à l'aube, traversant l'agglomération sous les ovations de la foule, parviennent au Vieux-Port, suivis bientôt des blindés [...]. S'ensuivent alors des combats de rue au cours desquels les points d'appui – dont celui de Notre-Dame-de-la-Garde – sont réduits un à un[26].

Le dernier bastion allemand se rend le 29 août 1944 dans la soirée. La bataille de Marseille se termine par la mise hors de combat de 1 825 tués ou blessés dans les rangs français, contre 2 000 soldats allemands tués et 11 000 prisonniers. Du 15 au 29 août 1944, le débarquement de Provence et les conquêtes de Toulon et de Marseille causent la mise hors de combat de 4 700 soldats français, tués ou blessés, tandis que l'ennemi allemand déplore 5 000 tués et 30 000 prisonniers, dont 700 officiers. Deux de ses divisions sont détruites. L'avance française sur l'horaire prévu est d'une telle ampleur qu'elle va se répercuter sur toute la campagne.

À la suite de la libération de Toulon et de Marseille, les Alliés disposent en Méditerranée d'une immense

26. Paul Gaujac, *La Bataille de Provence (1943-1944)*, Éditions Lavauzelle, 1984.

base navale qui double celle de Normandie, permettant l'approvisionnement des troupes en France. Ces deux ports du Midi assurent pendant huit mois le débarquement de 14 divisions ainsi que le déchargement de 18 000 tonnes de ravitaillement par jour. En apprenant la chute de Toulon et de Marseille, Hitler entre dans une colère noire.

Les troupes françaises prennent ensuite une part décisive à la poursuite, sur 700 kilomètres, de la 19e armée allemande, puis libèrent le sud-est de la France. Après avoir franchi le Rhône dans la région d'Arles, le corps d'armée du général de Monsabert libère Montpellier, puis progresse en direction de Lyon par la bordure orientale du Massif central. La ville est libérée le 2 septembre par la 1re DB, la 1re DFL, les maquis locaux et des éléments américains. Au même moment, le corps d'armée du général français Béthouart assure la défense des Alpes et poursuit son avance le long du Jura en direction de la trouée de Belfort.

À plusieurs reprises, aux abords de Beaune, de Nuits-Saint-Georges ou de Dijon, la 11e panzerdivision, couvrant la retraite de la 19e armée allemande, contre-attaque avec fougue, afin de ralentir la progression des troupes alliées. Mais les troupes françaises repoussent l'assaillant avec succès et poursuivent leur avance.

Le plan du général de Lattre de Tassigny se concrétise. La jonction avec les forces alliées venues de Normandie s'accomplit à l'ouest du plateau de Langres, le 12 septembre 1944, entre un groupe de reconnaissance de la 2e division blindée (DB) du général Leclerc de Hauteclocque et un autre de la 1re DFL. Finalement, l'armée B, devenue 1re armée française, prend position sur le front des Vosges et la trouée de Belfort. Trois semaines de combats victorieux ont conduit les troupes françaises de la Provence jusqu'au Jura et au pied des Vosges. Vingt-cinq départements français, près du tiers du territoire national, sont libérés. Si on y ajoute le grand Sud-Ouest, la moitié de la libération du territoire national est l'œuvre des forces françaises combattantes (maquis, armée de Lattre et division Leclerc). Les 1re et 19e armées allemandes ont laissé 100 000 prisonniers aux mains des troupes françaises depuis le débarquement de Provence. Durant la même période, du 15 août au 19 septembre 1944, l'armée française du général de Lattre de Tassigny déplore 6 000 hommes hors de combat (tués ou blessés). Cette victoire incroyable est une véritable revanche sur la défaite de mai-juin 1940.

Ces soldats français, oubliés ou méconnus de la Libération, sont composés de combattants de la France libre, de l'armée d'Afrique et des maquis. Les tirailleurs africains représentent parfois de 30 à 50 % des effectifs engagés, en fonction des régiments.

3.
LES OCCASIONS MANQUÉES DES BRITANNIQUES ET DES AMÉRICAINS

Le débarquement et la bataille de Normandie, ainsi que « l'exploitation » de la percée, sont souvent présentés comme d'éclatantes victoires des troupes britanniques et américaines. La réalité des faits est cependant moins glorieuse. À plusieurs reprises, les alliés de l'Ouest, peu audacieux, manquent l'occasion de vaincre l'Allemagne dès le courant de l'année 1944 et d'écourter ainsi la guerre de plusieurs mois.

Échecs britanniques devant Caen

À la suite du débarquement réussi des troupes britanniques et canadiennes en Normandie le 6 juin 1944, sur les plages de Gold, Juno et Sword, l'occasion de s'emparer de la ville hautement stratégique de Caen est

manquée dès le premier jour. Or le plan de Montgomery et des autres chefs militaires alliés prévoyait sa conquête dès le soir du Jour J, ce qui aurait permis de sécuriser le flanc gauche de toute l'opération Overlord. Pourtant, rien ne se passe comme prévu.
Une contre-attaque de blindés de la 21e panzerdivision contre la 6e brigade parachutiste britannique contraint le commandement allié à envoyer des hommes, des tanks et des commandos pour soutenir les parachutistes en difficulté. Cette opération a pour conséquence de dégarnir le front devant Caen, affaiblissant les troupes britanniques qui devaient s'emparer de cette ville hautement stratégique. De plus, le 736e régiment allemand de grenadiers oppose une résistance acharnée sur une position clé de la défense de Caen, offrant un panorama exceptionnel. Cette position devait tomber dès 13 heures aux mains des Britanniques, mais les Allemands s'y maintiennent jusqu'à 22 heures. Pourtant, les Britanniques auraient pu s'emparer de Caen jusqu'en début d'après-midi. Le front n'est alors tenu que par un faible cordon de soldats allemands, tout comme sur les plages du débarquement. Une partie de la 21e panzerdivision affronte les paras, tandis que les fantassins britanniques en pointe avancée préfèrent consolider leurs positions, craignant une puissante contre-attaque adverse.

> Cette relative inertie, écrit Nicolas Pontic, sera un trait du comportement britannique durant une partie de la campagne : la faute à un commandement trop prudent, découlant d'une volonté d'économiser des forces usées par quatre années de guerre

> ininterrompue [...]. Or, lorsque les nouveaux chars arrivent sur la ligne de front, il est déjà trop tard. Pourtant, la prise de Caen dès le Jour J aurait donné aux troupes britanniques un plus vaste espace de manœuvre et conféré, peut-être, un autre aspect de la campagne avec une bataille menée directement sur la plaine Caen-Falaise dès les premiers jours. Finalement, le manque d'allant et de moyens engagés dès le 6 juin constituent bien la première occasion manquée de la campagne pour Montgomery[27].

Du 7 au 14 juin 1944, une deuxième attaque britannique pour s'emparer de Caen se solde par un nouvel échec. L'assaut est mené avec un amateurisme incroyable. Notamment à Villers-Bocage lorsque, le 13 juin, une importante colonne de blindés et de véhicules britanniques stoppe en pleine campagne, comme à l'exercice, sans la moindre sécurité sur les flancs. Elle est prise sous les tirs de 5 chars lourds Tigre I du capitaine Michael Wittmann, qui font un véritable carnage : 25 chars moyens, 28 blindés légers sont détruits et 80 soldats britanniques tués. Cet engagement terrorise le commandement britannique qui stoppe son attaque, alors que sa 7e division blindée, engagée en force, n'aurait rien eu à craindre d'une poignée de Tigre qui, débordés finalement par le nombre, auraient été contraints de se replier.
L'opération britannique Epsom, déclenchée le 26 juin entre l'Orne et l'Odon, engageant des forces six fois plus

27. « Les Occasions manquées de la Seconde Guerre mondiale », *Ligne de front*, hors-série n° 48, avril-mai 2023.

importantes que celles de l'adversaire, doit théoriquement balayer devant elle. Canons britanniques de marine, artillerie de campagne et bombardiers pilonnent un front large de 6 kilomètres. Or les préparatifs de cette offensive se déroulent sans la moindre discrétion, sous les yeux des Allemands, qui étoffent alors en profondeur leurs défenses. Les assauts s'essoufflent au bout de cinq jours de combats acharnés, coûtant plus de 4 000 soldats à l'armée britannique. La 12e panzerdivision SS Hitlerjugend lutte avec fanatisme. Les Britanniques manquent de nouveau l'occasion d'enfoncer le front près de Caen.

Le 18 juillet 1944, on assiste à une nouvelle offensive britannique dans le secteur de Caen. Pas moins de 4 500 bombardiers déversent plusieurs milliers de tonnes de bombes sur les défenses allemandes avancées, puis sont relayés par l'artillerie navale et de campagne. Les 700 chars britanniques foncent ensuite droit devant eux, sans tenir compte d'un éventuel soutien en infanterie, pourtant nécessaire et qui arrive finalement trop tard. Le commandement allemand a érigé cinq lignes de défense en profondeur, truffées de canons de 88 mm, de chars Tigre et de Panther. On déplore alors un nouveau massacre : 200 chars britanniques sont détruits durant cette unique journée. Les jours suivants, les gains sont minimes et les pertes britanniques considérables, avec 400 chars hors de combat, sans oublier 5 537 fantassins tués, blessés ou portés disparus. L'offensive prend fin au bout de trois jours.

Le manque de coordination entre les blindés, l'infanterie et l'aviation a joué en défaveur de l'armée britannique, qui a ainsi manqué plusieurs occasions de s'emparer de

Caen rapidement et de faire tomber toute l'aile droite de la défense allemande. Cependant, en fixant dans le secteur de Caen 75 % des blindés allemands, les troupes britanniques et canadiennes permettent aux forces américaines de ne pas être rejetées à la mer.

L'incroyable occasion manquée de l'armée américaine

Le commandement américain, malgré l'indéniable courage de ses soldats, n'est pas plus brillant. Dès le soir du 6 juin, la mince ligne de front des troupes allemandes, s'étendant de Carentan à Isigny, se trouve en grand danger. En particulier le front de la 352ᵉ division allemande d'infanterie (DI) qui s'étire sur 50 kilomètres, alors que ce type d'unité doit théoriquement tenir une position large au maximum de 6 à 10 kilomètres. Réduite à moins de 11 700 soldats contre plus de 31 250 soldats américains des 1ʳᵉ et 29ᵉ divisions d'infanterie, la 352ᵉ DI fait cependant preuve d'une incroyable capacité de résistance. Mais le commandement américain préfère consolider sa tête de pont plutôt que d'attaquer en force. Le manque d'audace et de mordant de certains officiers permet aux troupes allemandes d'établir une solide défense en profondeur. Si la 1ʳᵉ DI américaine s'empare enfin de Caumont le 13 juin, c'est avec un retard d'une semaine sur le programme initial.
Dans le bocage environnant, coupé de nombreuses haies favorisant la défense, les soldats allemands ralentissent au mieux l'armée américaine. Rommel met à profit l'incroyable lenteur de la progression américaine pour renforcer ses positions. Le 22 juin 1944, ce sont désormais 12 divisions allemandes qui font face à la 1ʳᵉ armée américaine sur un

front de 80 kilomètres, alors que le soir du 6 juin l'unique 351e DI allemande défendait un front de 50 kilomètres contre deux divisions américaines, alignant des effectifs trois fois plus importants. C'est là encore une occasion manquée d'enfoncer le front dès le début de la campagne de Normandie.

La réalité des faits de la bataille de la poche de Falaise-Chambois

Souvent présentée comme la victoire finale et éclatante des Alliés de la campagne de Normandie, cette bataille n'est en réalité qu'un demi-succès. En effet, si l'armée allemande déplore 10 000 tués et 45 000 prisonniers, 100 000 hommes parviennent toutefois à s'enfuir. L'encerclement des Alliés, imparfait, empêche la mise totale hors de combat des forces armées allemandes du front de Normandie. Or si 155 000 soldats avaient été tués ou capturés, au lieu des 55 000 mis hors de combat durant cette bataille, le sort du front de l'Ouest aurait été certainement scellé. C'est bien là une opportunité manquée de terminer la guerre en 1944.

Le 18 août 1944, les Alliés sont sur le point d'encercler le gros de l'armée allemande dans la poche de Falaise-Chambois. Les troupes polonaises et canadiennes tiennent le secteur nord, les Américains et les Français de la division Leclerc (2e DB) celui du sud, l'armée britannique celui de l'ouest. Le lendemain, les Allemands contre-attaquent avec fougue, mais sont en apparence repoussés. Or, le 20 août, les parachutistes allemands ouvrent un passage entre Saint-Lambert et Coudehard, où peut s'engouffrer le gros des forces allemandes, malgré le mitraillage des chasseurs bombardiers alliés. Les Alliés subissent également de lourdes pertes. Sur la colline du mont Ormel, seuls 114 soldats polonais sur les 1 560 initiaux sont encore valides.

Il apparaît que les doctrines militaires américaines et britanniques ne sont pas adaptées aux opérations d'encerclement, exigeant des compétences spécifiques, difficiles à mettre en œuvre sur le terrain. L'armée américaine préconise l'emploi de la puissance de feu et du choc frontal pour venir à bout de l'ennemi, et non une longue chevauchée mécanisée lorsque l'évolution sur le terrain la rend pourtant pertinente. De son côté, le commandement britannique préconise une avance lente et méthodique, économe en vies humaines, laissant ainsi échapper la possibilité d'encercler l'adversaire. Il apparaît que les principaux généraux alliés n'arrivent pas à saisir l'opportunité d'enfoncer l'ennemi en profondeur, préférant consolider dans un premier temps la nouvelle ligne de front, au lieu d'exploiter par la vitesse d'exécution la retraite de l'adversaire.

Il est d'ailleurs révélateur qu'au moment où le gros de la 7e armée allemande a pu s'échapper de la poche de Falaise-Chambois, le commandement allié n'exploite pas son demi-succès, laissant le temps à l'adversaire de passer la Seine, au lieu de le poursuivre pour l'anéantir. Ainsi l'armée allemande parvient-elle à regrouper ses troupes venant de divers fronts sur le sol français, à savoir plus de 240 000 hommes, 39 000 véhicules et 150 chars qui vont rejoindre de nouvelles positions plus au nord et à l'est.

Dans les jours suivant le débarquement, écrit avec justesse Nicolas Pontic, les Alliés ont manqué à plusieurs reprises de saisir des opportunités qui auraient pu infléchir le cours de la campagne de façon dramatique pour les Allemands. Peut-être, même, auraient-ils pu abréger de façon significative les combats dans la région. Il s'en est, en effet, fallu de peu que la victoire en Normandie ne donne lieu à une bataille d'anéantissement total de l'adversaire. Ce faisant, on peut imaginer sans trop de difficulté que la guerre aurait été raccourcie d'au moins six mois. Mais le professionnalisme de la Wehrmacht, même aux heures les plus difficiles de la bataille, les erreurs et le manque d'allant des Anglo-Américains ont largement contribué à un redressement de l'adversaire qui, une fois en sécurité, aura le temps de reconstituer un front et même, en décembre 1944, d'envisager une contre-offensive de grand style dans les Ardennes[28].

---

28. *Ibid.*

4.
HEINRICH SEVERLOH, MITRAILLEUR ALLEMAND

Heinrich Severloh voit le jour le 23 juin 1923 à Metzingen, dans le Sud-Ouest de l'Allemagne, au sein d'une famille de fermiers. D'abord militaire des troupes d'occupation dans le nord de la France, il est ensuite envoyé sur le front russe, du fait de sa connaissance des chevaux, où il se charge d'une voiture hippomobile. Blessé, il est renvoyé en France après sa convalescence, le 11 décembre 1943. Muté dans une batterie d'artillerie de la 352e division d'infanterie, il prend ses quartiers au village de Saint-Michel-de-la-Pierre, près de Coutances, au Sud-Ouest de Saint-Lô, en Normandie.

Placé sous les ordres de l'adjudant-chef August Wassermeyer, me raconte Heinrich Severloh, je dois me plier à une stricte discipline, subir brimades et vexations quotidiennes. L'entraînement est très poussé pour faire de nous de véritables bêtes de guerre. Ce sous-officier est l'exemple type du militaire allemand du IIIe Reich, fasciné par l'ordre, les marches et les manœuvres, les armes, les casques et les chants martiaux. On doit savoir démonter et remonter les armes le plus vite possible. On effectue de longues marches et des exercices physiques de toutes sortes. C'est épuisant à la longue, mais on finit par acquérir des automatismes de véritables guerriers. Finalement, après bien des vicissitudes, je suis promu au grade de caporal pour bonne conduite.

On parlait souvent d'un débarquement prochain des Alliés sur les côtes françaises. Rommel fait intensifier la pose de mines et d'obstacles les plus divers, la construction de bunkers, le creusement de nouvelles tranchées. Lorsque nous sommes déplacés près de Colleville-sur-Mer, tout proche de la plage d'Omaha Beach, au nord-ouest de Bayeux, nous participons activement à cette mise en défense de nos positions.

La 352e division d'infanterie, à laquelle je suis rattaché, aligne 12 700 soldats, répartis dans les 914e, 915e et 916e régiments de grenadiers, un régiment d'artillerie et divers services complémentaires. Nous sommes sous les ordres d'un chef compétent, en la personne du général Dietrich Kraiss.

Dans la nuit du 5 au 6 juin 1944, le lieutenant Frerking reçoit l'ordre de se rendre à son poste de combat le plus rapidement possible, situé dans les dunes de Colleville-sur-Mer. Il s'agit du poste de combat 62. Je dois l'accompagner. Je m'installe derrière ma mitrailleuse, une puissante MG 42 tirant 1 200 coups à la minute. La meilleure arme de ce type du conflit. Je me trouve à droite du poste d'observation du lieutenant Frerking. Devant moi, c'est la mer. Au-dessus, j'entends le bruit incessant des avions alliés survolant la côte. Vers 5 heures du matin, je vois cinq ou six navires au large, puis peu à peu une véritable flotte de débarquement. C'est impressionnant ! Plus de doute possible, les Alliés débarquent en Normandie ! Je suis au cœur de cet événement historique. Les bombardements des avions se font entendre derrière nous, puis les canons des navires tirent en direction de nos fortifications. Les tirs ne sont pas très précis et ne causent que des dégâts légers. Mon expérience du front russe me permet de mieux supporter ce vacarme que les nouvelles recrues.

À 6 h 30, ce 6 juin 1944, je commence à tirer sur les soldats américains quittant les péniches de débarquement. Je ne me pose aucune question. C'est moi ou c'est eux. En tirant sur l'ennemi, je sauve ma peau. Je suis conditionné à faire la guerre. Pas de place pour les sentiments. Je tire durant plusieurs heures, tandis que l'adjudant Pieh, rattaché à la 716e division d'infanterie combattant à nos côtés, vient régulièrement me ravitailler en munitions. J'utilise également mon fusil Mauser, d'une très grande précision. C'est ainsi que, sans m'en rendre compte, grisé par l'action, je tire environ 12 500 cartouches de mitrailleuse et 400 autres avec mon fusil. Un calibre commun pour les deux armes de 7,92 mm. Je vois les Américains tomber par dizaines durant des heures. Une véritable boucherie. À midi, mon stock de munitions courantes épuisées, je suis obligé d'utiliser des balles traçantes, ce qui révèle ma position à l'adversaire. Les navires américains tirent alors en direction de mon poste de combat. Un éclat d'obus m'entaille la joue et fausse l'axe de visée de mon arme. Je suis contraint de rejoindre le lieutenant Frerking dans un abri bétonné.

Vers 15 h 30, l'infanterie américaine, d'abord clouée sur la plage d'Omaha Beach, finit par gagner du terrain, grâce au soutien de l'artillerie navale. Les soldats de mon unité reçoivent l'ordre de se replier. Je reste avec le lieutenant Frerking, un soldat de la 716ᵉ division d'infanterie et deux caporaux afin d'assurer les transmissions du point d'appui avec la batterie d'artillerie d'Houtteville. Puis, devant la progression inexorable de l'ennemi, nous devons quitter les lieux sous les tirs adverses. Frerking est tué lors de cette retraite, conduite dans les pires conditions. Je parviens à rejoindre l'antenne médicale allemande la plus proche. Je suis pris en charge rapidement, malgré le nombre important de blessés.

Le 7 juin 1944, les Américains s'emparent de l'antenne médicale. Je suis fait prisonnier. Soigné avec attention, on m'embarque ensuite pour les États-Unis, où je suis interné dans un camp à Jackson, dans le Mississippi, puis une année en Angleterre, où je participe à la construction de routes.

Libéré en 1947, je retrouve la ferme familiale, où j'aide mon père aux travaux des champs. En 1984, une équipe de journalistes d'une chaîne de télévision me rencontre chez moi en Allemagne. Je me confie à eux pour la première fois depuis quarante ans. Je leur dis que je n'ai plus touché une seule arme à feu depuis 1944. Je souhaite rencontrer des soldats américains. Je fais ainsi la connaissance de David Silva, militaire américain ayant combattu comme moi à Omaha Beach. Il est ensuite devenu aumônier militaire sur la base américaine de Karlsruhe, en Allemagne. Nous nous sommes liés d'une profonde amitié. Il parvient à apaiser mes blessures intérieures, liées au nazisme et à la guerre. Nous correspondons régulièrement par lettres. J'affirme ne pas avoir tué pour le plaisir, mais uniquement pour rester en vie. Durant cette terrible journée du 6 juin 1944, je pense avoir tué ou blessé un millier de soldats américains sur la plage d'Omaha Beach. Pendant neuf heures, à seulement 350 hommes en première ligne, nous avons tenu en échec 34 000 soldats américains[29].

Heinrich Severloh est décédé le 14 janvier 2006 à Lachendorf, en Allemagne.

---

29. Entretiens de l'auteur avec Heinrich Severloh en juin 1994. Lire également : Heinrich Severloh, *WN 62. Mémoires d'Omaha Beach, Normandie, 6 juin 1944*, Heimdal, 2019.

5.

MARC RUSSEL, FANTASSIN AMÉRICAIN

Au sein de la prestigieuse 1re division américaine d'infanterie (DI), Marc Russel[30], né le 23 mars 1920, participe activement au débarquement de Normandie, à la libération de la France, à la bataille des Ardennes et à l'invasion de l'Allemagne entre juin 1944 et mai 1945. Originaire de Richmond, en Virginie, c'est alors un solide gaillard, sportif et décidé à libérer l'Europe du nazisme, très fier de combattre au sein d'une division qui s'est déjà illustrée en France durant la Première Guerre mondiale.

Je n'ai pas participé aux campagnes de Tunisie et de Sicile en 1943, me raconte-t-il. Je suis arrivé en Grande-Bretagne au début de l'année 1944, afin d'intégrer la 1re division américaine d'infanterie. Après un entraînement militaire extrêmement poussé en terre anglaise, on doit débarquer

30. Son identité a été modifiée (*NdÉ*).

sur la plage d'Omaha Beach, avec la 29e division américaine d'infanterie.

Le 6 juin 1944, dès 6 h 30 du matin, au sein du 16e régiment d'infanterie de la Big Red One (1re DI) et de plusieurs équipes du génie, on débarque dans les pires conditions. L'artillerie de marine et l'aviation de bombardement sont censées avoir déjà détruit les positions allemandes, dont les bunkers. Or elles ont tiré et bombardé en dépit du bon sens, plus en arrière à l'intérieur des terres, sans détruire les défenses allemandes proches des plages. Autour de moi, c'est le massacre. La péniche de débarquement où je me trouve, prise sous le tir des mitrailleuses allemandes, ouvre sa porte alors que nous n'avons pas encore touché terre. Les premiers hommes quittant cette embarcation se noient avec un équipement trop lourd, d'autres tombent sous les balles allemandes. J'abandonne une partie de mon équipement pour ne pas sombrer au fond de l'eau, tout en conservant mon casque, mes munitions et mon fusil Garand. Une excellente arme. Je parviens à atteindre la plage par miracle, alors que les balles sifflent autour de moi. Des obus d'artillerie ou de mortier éclatent de tous côtés. Je vois à quelques mètres de moi des soldats de mon régiment tomber et ne plus se relever. Certains sont déchiquetés par les explosions. La résistance allemande est féroce. Les vétérans d'Afrique et de Sicile ne se découragent pas, et nous hurlent de rejoindre un obstacle antichar devant nous afin de nous y abriter. Suivant leurs conseils, je cours en direction de cet abri qui me sauve la vie, tandis que les bunkers, installés sur les hauteurs, mitraillent sans arrêt mes camarades qui tombent comme des mouches.

Des 29 chars Sherman devant nous soutenir, 27 coulent sans pouvoir atteindre la plage. On débarque sous un déluge de feu venant de 85 bunkers, et nous devons parcourir 200 mètres de plage pour trouver refuge près des obstacles antichars. C'est de la pure folie ! À 7 h 30, nos effectifs fondent à vue d'œil. À 9 heures, la situation devient si critique que le commandement américain envisage de cesser le débarquement dans ce secteur.

On reste bloqués durant des heures, sans pouvoir combattre, sous le déluge de feu de l'ennemi. Finalement, l'artillerie de nos navires pilonne les défenses allemandes avec une meilleure précision. Je baisse la tête, le casque bien enfoncé, je ferme les yeux, et laisse passer cet orage d'acier et de feu. Le sol semble trembler. Les Allemands, finalement à court de munitions, entament un difficile repli sur une seconde ligne, plus à l'intérieur des terres. C'est le moment d'attaquer après les tirs efficaces de nos navires. Une partie du mur antichar est détruite. Je contourne un bunker sur la gauche, avec plusieurs soldats de mon unité. Nous tombons sur une tranchée allemande, où des soldats nazis tentent de se replier. Pas de quartier, nous les tuons tous avec nos armes individuelles. D'autres veulent se rendre, mais un sergent de mon unité les mitraille à bout portant avec sa mitraillette. On attaque ensuite un bunker à la grenade, et nous tuons les derniers défenseurs qui tentent de le quitter. Je tombe sur un soldat allemand, que j'embroche avec la baïonnette fixée sur mon fusil. C'est lui ou c'est moi. Nous avons la haine des nazis après ce débarquement sanglant dans nos rangs. Une tête de pont de 1 à 2 kilomètres est constituée avec l'arrivée des renforts, et nous progressons les jours suivants. Notre aviation apporte un soutien capital en bombardant les colonnes motorisées allemandes devant nous rejeter à la mer. C'est par notre puissance de feu supérieure, un déluge de feu sans précédent, que nous parvenons à contenir et à repousser les troupes allemandes qui luttent avec une bravoure incroyable. Cette journée du 6 juin nous cause des pertes énormes, avec un millier de tués ou disparus et 2 000 blessés, soit 3 000 hommes hors de combat en seulement quelques heures !

Après ce débarquement apocalyptique, mon régiment est reconstitué à l'arrière. La percée en Normandie n'est effective et réelle qu'à la fin du mois d'août 1944, après une terrible guerre de position en pleine campagne, marquée notamment par l'épuisante bataille des haies. Je participe ensuite à la libération de la ville de Liège, en Belgique. Puis, on traverse la ligne fortifiée allemande Siegfried pour entrer dans la ville d'Aachen[31] le 21 octobre 1944. Mais c'est un succès sans lendemain. Il commence à faire très froid. La résistance allemande est de plus en plus acharnée. Il faut enlever des positions à la grenade et à la baïonnette. Les corps-à-corps sont fréquents. Je constate que les prisonniers allemands sont de plus en plus jeunes, certains ont à peine 15 ans ! La guerre s'enlise rapidement. Nos attaques sont décousues et maladroites. En novembre 1944, notre offensive échoue totalement, malgré notre supériorité numérique. Les nouvelles recrues n'ont pas les mêmes qualités guerrières que les précédentes. Elles sont mal entraînées, envoyées à la va-vite au front pour compenser nos lourdes pertes.

Alors que nous sommes certains de terminer la guerre rapidement, voici que l'armée allemande déclenche une puissante offensive dans les Ardennes, le 16 décembre 1944. C'est une surprise complète dans nos rangs. On ne croyait pas les Allemands capables d'attaquer de nouveau avec des moyens aussi importants et des troupes aussi motivées. En pleine forêt des Ardennes, nous tenons le secteur de Büllingen. Nous luttons dans la neige et sous un froid « quasi polaire ». Cette offensive surprise met en déroute nos premières lignes en plusieurs endroits. Cependant, nous tenons fermement notre secteur, en infligeant de lourdes pertes aux forces

31. Aix-la-Chapelle.

> allemandes. Dans mon trou, creusé dans la neige et la terre, je souffre du froid et de la dureté des combats. L'artillerie allemande, dont les terrifiants canons de 88 mm, décime nos rangs. Les pieds gelés sont nombreux[32].

Finalement, la bataille des Ardennes se termine par la mise hors de combat de 70 000 soldats américains (tués, disparus ou blessés) et de 58 900 soldats allemands, sans oublier 800 blindés et 600 avions américains détruits, ainsi que 600 blindés et 800 avions du côté allemand. La bataille des Ardennes n'est en rien un triomphe de l'armée américaine, même si l'adversaire doit stopper son offensive, par manque de carburant et de munitions, mais également du fait de la solide résistance américaine. Le 15 janvier 1945, la situation militaire s'améliore du côté des Américains, qui contre-attaquent avec le soutien d'une puissante aviation, grâce à une météo plus clémente qui ne cloue plus les appareils au sol.

On traverse pour la seconde fois la ligne Siegfried, reprise un temps par les Allemands, puis nous parvenons à établir une tête de pont dans le secteur de Remagen, me raconte Marc Russel. On s'enfonce ainsi en Allemagne, avec le soutien de nos chars et de nos avions. Le 8 avril 1945, on pénètre même en Tchécoslovaquie, après la traversée de la Weser. C'est notre dernière action victorieuse de ce conflit[33].

---

32. Entretiens de l'auteur avec Marc Russel en juin 2004.
33. *Ibid.*

La 1re division américaine d'infanterie a perdu, de 1942 à 1945, 21 023 de ses soldats (tués, blessés, portés disparus ou prisonniers) sur 43 734 des hommes qui y servirent. Elle reste dans les forces d'occupation en Allemagne jusqu'en 1955. Heureusement pour lui, Marc Russel retrouve sa famille en avril 1946, en Virginie. Il est décédé le 16 avril 2015. Parlant un français presque parfait, du fait de son mariage avec une Parisienne, il m'a raconté avec passion et émotion sa guerre en Europe. Il revenait régulièrement en Normandie, lors des commémorations du débarquement. Il m'avait demandé de publier son témoignage sous une fausse identité par pudeur et discrétion. J'ai respecté son choix.

6.
JOHN STEELE, PARACHUTISTE AMÉRICAIN

John Steele est né le 29 novembre 1912 à Metropolis, dans l'Illinois, aux États-Unis, au sein d'une famille de sept enfants, dont deux filles et cinq garçons. Son père est pilote de navire de commerce. John s'engage dans l'armée américaine dès l'entrée en guerre de son pays, en décembre 1941. D'une solide constitution physique et grand sportif, il parvient à intégrer la compagnie F du 505e régiment d'infanterie parachutiste de la 82e division aéroportée.

Simple division d'infanterie à l'origine, la 82e devient officiellement une unité aéroportée le 15 août 1942, sous les ordres du général Matthew Ridgway. Le 505e régiment parachutiste, rattaché à cette division le 10 février 1943, est commandé par le colonel James Gavin. Ce régiment suit un entraînement physique très poussé au camp de Billy Mitchell, en Alabama, avant d'être envoyé à Fort Benning pour un stage d'une durée de quatre semaines, avec pliages de parachute, exercices de saut depuis une tour de 11 mètres, puis de 76 mètres, avant de finir par cinq sauts qualificatifs en avion.

> En parallèle, écrivent Christophe Prime et Éric Belloc, les parachutistes multiplient les exercices de combat, s'entraînent au maniement des armes et du matériel en fonction de leurs spécialités. Les instructeurs renforcent leurs conditions physiques et n'hésitent pas à les pousser au-delà de leurs limites, notamment lors de marches d'orientation de nuit avec les paquetages de combat. La compétition entre les unités et les épreuves sportives renforce l'esprit de corps. Les paras acquièrent une réputation de durs à cuire[34].

Le 505e régiment parachutiste se trouve en Afrique du Nord en mai 1943. Il doit participer à l'invasion de la Sicile en juillet. Durant la nuit du 9 au 10 juillet 1943, le régiment est parachuté sur l'île, défendue par de nombreuses garnisons allemandes et italiennes. John Steele se casse la jambe gauche lors de son saut en parachute en touchant le sol. Il est alors rapatrié dans un hôpital militaire en Afrique du Nord. Remis de sa blessure, il saute de nouveau en Italie en septembre 1943,

---

34. Christophe Prime et Éric Belloc, *Sainte-Mère-Église. La 82nd U.S. Airborne Division*, OREP Éditions, 2021. Lire également : Philippe Broussard, « Il faut sauver le soldat Steele », *L'Express*, nº 3282, 28 mai 2014 ; entretiens de l'auteur avec Éric Belloc en octobre 2022, conservateur des collections de l'Airborne Museum de Sainte-Mère-Église.

près de Naples, et participe à divers combats jusqu'à Salerne. Avec son régiment, il quitte le front italien le 18 novembre 1943 pour rejoindre l'Irlande du Nord à bord d'un navire, en vue de la préparation du débarquement des Alliés en France, prévu au printemps 1944. Il arrive à Belfast le 9 décembre 1943, s'installe à Cookstown jusqu'au 13 février 1944. Le 505e régiment parachutiste rejoint ensuite le camp Quorn, dans le Leicestershire, en Angleterre. Le lieutenant-colonel William Ekman devient le nouveau commandant de cette unité. À cette date, la 82e division aéroportée compte 11 979 hommes, 300 Jeep, 100 camions, 100 mortiers, 36 obusiers de 75 mm et pièces antichars de 57 mm. L'ensemble s'articule autour des 505e et 508e régiments parachutistes, du 325e régiment d'infanterie aérotransportée, de trois bataillons d'artillerie et de divers services complémentaires.

Le commandement américain prévoit de parachuter la 82e division aéroportée durant la nuit du 5 au 6 juin 1944 dans le Cotentin, en Normandie, afin de bloquer les renforts allemands à l'ouest et au sud d'Utah Beach, l'une des deux plages où doivent débarquer les forces américaines. La 82e doit non seulement affronter les renforts allemands venant de Cherbourg, mais également faciliter la sortie des troupes débarquées de la tête de pont d'Utah Beach. De nombreux marais et terrains, volontairement inondés, sont très favorables à la défense allemande, reposant en partie sur la 91e division d'infanterie de la Luftwaffe contre la 82e division aéroportée américaine et sa voisine, la 101e aéroportée, devant combattre à ses côtés. Le régiment de John Steele (le 505e) doit s'emparer du village de Sainte-Mère-Église et des ponts sur le Merderet. Le transport des hommes doit se faire à bord d'avions Douglas C-47, atteignant une vitesse maximale de 370 km/h et pouvant parcourir une distance de 2 400 kilomètres, avec une capacité de transport pour chaque appareil de 18 passagers ou de 4 tonnes de matériel.

Le 5 juin 1944, en fin d'après-midi, après un office religieux et les encouragements des principaux officiers, John Steele et ses camarades rejoignent en colonne les C-47 alignés le long des pistes. La nuit tombée, les appareils survolent la Manche à 150 mètres d'altitude, tous feux éteints. Arrivés à proximité des îles Anglo-Normandes, les pilotes accomplissent un changement de cap pour aborder le Cotentin et grimpent à 450 mètres d'altitude. De fortes rafales de vent secouent les avions, les pilotes et les paras à bord. À l'approche des côtes, les avions entrent dans une brume épaisse causant en partie la dislocation des formations. Les batteries allemandes de DCA entrent en action.

« Le ciel est constellé d'obus et de balles traçantes, écrivent Christophe Prime et Éric Belloc. Les faisceaux des projecteurs balaient le ciel à la recherche de ces oiseaux de mauvais augure. Plusieurs appareils volant à basse altitude sont touchés de plein fouet et plongent en flamme vers le sol[35]. »

Les paras, secoués de droite à gauche, se lèvent, attachent leur sangle d'ouverture automatique au câble métallique central et vérifient une dernière fois leur équipement, tout en attendant l'instant fatidique. Lorsque la lampe rouge

35. Christophe Prime et Éric Belloc, *Sainte-Mère-Église*, *op. cit.* ; entretiens de l'auteur avec Éric Belloc en octobre 2022.

passe au vert, John Steele et ses camarades sautent dans le vide, les uns après les autres, par la porte latérale. Ils se trouvent bientôt suspendus à leur parachute dans un ciel illuminé par les balles traçantes de la DCA allemande.
Le C-47 transportant John Steele et les autres paras vole trop haut, de peur d'être descendu par les tirs ennemis. Si bien que les hommes sont mal largués. Au lieu d'être parachutés près du village de Sainte-Mère-Église, afin d'effectuer une approche sécurisée, ils tombent sur le village même, vers 1 heure du matin, le 6 juin 1944. De nombreux soldats allemands, alertés par le bruit des avions et les tirs de la DCA, occupent alors le village.
Lors de sa descente en parachute, John Steele est blessé au pied par une balle ou un éclat métallique. Il ne parvient plus à diriger son parachute et atterrit finalement sur le clocher de l'église. Son parachute restant accroché, il tente de s'en libérer tandis que sur la place, autour de l'église, la bataille fait rage. De nombreux parachutistes sont tués sur place, tandis que d'autres parviennent à engager le combat. Steele tente de se dégager à l'aide d'un couteau, mais celui-ci tombe au sol. Se rendant compte qu'il risque de se faire tirer dessus par un soldat ennemi, il décide alors de faire le mort, afin de ne pas attirer l'attention. Après plus de deux heures, suspendu en l'air, un soldat allemand, Rudolf May, vient le décrocher. Il est alors fait prisonnier et soigné de sa blessure au pied. Il réussit finalement à s'évader trois jours plus tard et à rejoindre les paras de son unité.
En septembre 1944, Steele est parachuté avec son unité sur Nimègue, aux Pays-Bas. En avril 1945, il participe à la traversée de l'Elbe, en Allemagne, terminant la guerre

dans ce secteur. Rapatrié à Marseille pour rejoindre les États-Unis, il retrouve la vie civile en septembre 1945. Un de ses frères a moins de chance, il est tué au combat en Allemagne, en avril 1945, quelques semaines seulement avant la fin du conflit.
Sans véritable diplôme, John Steele trouve cependant du travail dans le commerce, notamment pour des compagnies d'électricité. Il se marie une première fois à Metropolis, et sa femme donne naissance à une fille, Martha. Le couple se sépare peu après. Il se remarie en 1955 avec Verna, une infirmière rencontrée en Caroline du Nord.
En 1957, le journaliste Cornelius Ryan, préparant un livre sur le débarquement en Normandie, le sollicite. John Steele lui raconte alors son incroyable histoire de Sainte-Mère-Église. Ryan lui consacre une vingtaine de lignes dans son ouvrage *Le Jour le plus long*, qui suffisent à le faire connaître. D'autant que ce livre devient un best-seller mondial. Steele est ainsi invité, avec d'anciens soldats américains, à des soirées-débats, notamment à Washington. L'ouvrage fait l'objet d'une adaptation cinématographique du même nom et connaît également un succès planétaire, avec une pléiade d'acteurs, dont Red Buttons jouant le rôle de John Steele.
Cependant, ce film présente de notables différences avec la réalité des faits rapportés par John Steele. D'une part, il a été blessé durant sa descente en parachute et non une fois accroché au clocher. D'autre part, les cloches ne l'ont pas rendu sourd. Le film ne mentionne pas non plus sa capture par un soldat allemand. Enfin, si Steele a effectivement fait tomber un couteau, celui-ci n'est pas tombé près d'un soldat ennemi.

La sortie du film en France, en 1962, est marquée par un succès retentissant, avec 12 millions de spectateurs. Quant à John Steele, fait citoyen d'honneur de Sainte-Mère-Église, il revient plusieurs fois en Normandie lors des commémorations du débarquement. Une auberge sur la place de l'Église va même porter son nom. Sa famille offre ses décorations militaires au musée du village, consacré aux troupes aéroportées. Un mannequin en uniforme de parachutiste américain, accroché au clocher de l'église, rappelle cette histoire incroyable.

John Steele décède d'un cancer de la gorge le 16 mai 1969, à l'âge de 57 ans, à Fayetteville, en Caroline du Nord. Son souhait de reposer en Normandie n'a pas été respecté. Or Sainte-Mère-Église a largement profité de l'atterrissage rocambolesque de John Steele, permettant à ce paisible village normand de bénéficier de la présence de plus de 200 000 touristes par an.

7.
STANLEY HOLLIS, FANTASSIN BRITANNIQUE

Stanley Hollis voit le jour le 21 septembre 1912 à Middlesbrough, en Angleterre.
Dès l'âge de 17 ans, il commence une formation d'officier de navigation, marquée par deux années de voyage en mer. Finalement, il est contraint d'accepter un emploi de chauffeur de camion dans sa région natale. Il se marie en 1933 avec Alice Clixby, qui donne naissance à un garçon, Brian, puis à une fille, Pauline.
Avant même le début de la Seconde Guerre mondiale, Stanley Hollis s'engage dans l'armée territoriale britannique, au sein du 4e bataillon Green Howards. Il est ensuite muté au sein du 6e bataillon Green Howards lors du déploiement du corps expéditionnaire britannique en France. Il participe à la bataille de Dunkerque en mai-juin 1940, puis rejoint l'Égypte au sein de la 8e armée britannique, luttant contre les troupes allemandes et italiennes à El Alamein, en 1942. Durant la campagne de Tunisie, en avril 1943, il est blessé à la tête, son casque

d'acier lui sauvant la vie. Il est promu pour son courage au grade de sergent-major.
En juillet 1943, juste remis de sa blessure, il participe à la campagne de Sicile, durant laquelle il est de nouveau blessé au combat, lors de l'assaut du pont de Primosole. Il est évacué et soigné.
De retour en Grande-Bretagne au printemps 1944, Stanley Hollis suit un entraînement poussé en vue du débarquement. Il se distingue par sa rigueur et sa discipline. Redouté et admiré par les soldats placés sous ses ordres, il ne tolère aucun écart.
Le 6 juin 1944, à 7 h 25, la 50e division britannique d'infanterie débarque à Gold Beach, en Normandie, au nord de Bayeux. Le sergent-major Stanley Hollis commande la section d'appui de la compagnie D, alignant notamment trois mitrailleuses lourdes et trois mortiers. Hollis fait figure de vétéran aux côtés de jeunes soldats de son unité découvrant pour la première fois une zone de combat. Malgré quelques tirs de mortiers allemands sur la plage, la compagnie D progresse à l'intérieur des terres, en prenant la direction de la position allemande du Mont-Fleury, au nord de Ver-sur-Mer. Hollis fait tirer avec ses mortiers plusieurs obus fumigènes, afin de masquer la progression de ses hommes à découvert. Les mitrailleuses allemandes causent cependant des pertes aux fantassins anglais. Armé d'un pistolet-mitrailleur Sten et de grenades, Hollis avance avec audace vers un premier bunker, d'où provient l'essentiel des tirs. Il parvient à balancer une grenade à travers l'ouverture principale et vide deux chargeurs de son Sten, tuant ainsi plusieurs soldats

allemands. D'autres sortent du bunker pour se rendre. Il suit ensuite une tranchée menant à un second bunker. S'engageant seul avec une bravoure extraordinaire, il capture tous les occupants. Au total, il fait prisonniers 26 soldats allemands du 441e bataillon. Alors qu'il tire sur des ennemis se repliant, il est légèrement blessé à la mâchoire.

Malgré cette blessure, Hollis prend le commandement de la 16e section, dont le chef vient de tomber sous les tirs ennemis. Il sauve d'une mort certaine plusieurs soldats anglais, grâce au tir qu'il effectue avec un fusil-mitrailleur Bren contre une position ennemie. Puis, avec l'aide d'un char britannique, il s'empare avec les fantassins du 6e bataillon Green Howards d'une nouvelle position allemande, en jetant de nombreuses grenades. Pour ces faits d'armes, le sergent-major Stanley Hollis obtient l'unique Victoria Cross décernée le jour du débarquement, la plus prestigieuse décoration de l'armée britannique.

Après la bataille de Normandie, Hollis est de nouveau blessé au combat en septembre 1944. Touché à la jambe, il est évacué en Grande-Bretagne. Démobilisé en 1945, il travaille durant quelque temps dans une aciérie. Il est ensuite embauché dans un garage à Darlington, puis comme ingénieur des constructions navales. Il devient ensuite propriétaire d'un pub à Middlesbrough, baptisé « The Green Howard », le nom de son unité de guerre. En 1970, il fait l'achat du pub « Hollywood View » à Loftus. Il décède le 8 février 1972 et repose au cimetière Acklam, à Middlesbrough.

En 1996, un mémorial rendant hommage aux valeureux combattants britanniques des 6e et 7e bataillons du régiment Green Howards est inauguré à Crépon, dans le Calvados. Une statue y représente notamment le sergent-major Stanley Hollis. Le 26 novembre 2016, sa ville natale a également inauguré une statue en sa mémoire, avec des plaques commémoratives. Une école de la ville porte aussi son nom[36].

36. Archives militaires britanniques, Londres.

8.
LÉON GAUTIER, FUSILIER MARIN COMMANDO DE LA FRANCE LIBRE

Léon Gautier est né le 27 octobre 1922 à Rennes. Apprenti carrossier à l'âge de 16 ans, il décide ensuite de s'engager dans la Marine nationale, par patriotisme, en février 1940. Il est recruté comme canonnier à bord du cuirassé *Courbet* et participe à la défense du port de Cherbourg contre la Kriegsmarine. Le 20 juin 1940, devant la progression spectaculaire de la Wehrmacht, le *Courbet* rejoint l'Angleterre pour poursuivre la lutte aux côtés du général de Gaulle. On l'utilise comme bâtiment antiaérien à Portsmouth durant la bataille d'Angleterre en septembre-décembre 1940. Depuis le 13 juillet 1940, Léon Gautier a rejoint les Forces navales françaises libres à Londres. Il participe à la bataille de l'Atlantique, à bord du navire de commerce *Le Gallois*, transportant du minerai de fer. Lors d'une traversée, le convoi où il se trouve est attaqué

par les redoutables sous-marins allemands. Il échappe de peu à un torpillage.
Léon Gautier se porte ensuite volontaire à bord du sous-marin *Surcouf* jusqu'en février 1941, puis rejoint les fusiliers marins, où il sert au Cameroun, au Liban et en Syrie. Apprenant la création d'un commando britannique ouvert aux fusiliers marins français de la France libre, il décide de rejoindre cette unité d'élite, réussit le stage en Écosse, à Achnacarry. En 1943, il intègre le 1er bataillon de fusiliers marins commandos, dirigé par le lieutenant de vaisseau français Philippe Kieffer et fort de 177 hommes. À la fin de mai 1944, il est prévenu du prochain débarquement en Normandie. Le 6 juin 1944, il débarque à 7 h 55 avec le commando n° 4 à Colleville-sur-Orne, dans le secteur de Sword Beach. Les Français libres de cette unité combattent aux côtés des troupes britanniques, dont la 3e division d'infanterie, la 51e division écossaise, les 4 et 27e brigades blindées, sans oublier la 6e division parachutiste.
Le débarquement se fait sous un déluge de feu des défenses allemandes : mitrailleuses, mortiers, artillerie. Le commando français subit de lourdes pertes et se retrouve rapidement face au réseau de barbelés. Il ouvre une brèche à la cisaille et parvient à quitter la plage, en direction des ruines de l'ancienne colonie de vacances de Colleville-sur-Orne. On déplore déjà 3 tués et 26 blessés dans les rangs français.
Les Français doivent s'emparer du puissant système défensif allemand de Ouistreham Riva-Bella, avec ses bunkers, son fossé et son mur antichar, son casino transformé en fortin, ses tours de DCA et ses barbelés. Il faut l'appui d'un char britannique, guidé par le lieutenant

de vaisseau Kieffer, pour conquérir totalement cette position clé, après une lutte farouche. Vers 13 heures, les fusiliers français progressent à l'intérieur des terres, aux côtés de leurs camarades britanniques. À marche forcée, ils parviennent à établir une tête de pont de 12 kilomètres de profondeur, avec les parachutistes britanniques de la 6e division aéroportée. Ils repoussent héroïquement plusieurs contre-attaques allemandes, jouant ainsi un rôle essentiel dans le succès du débarquement des Alliés en Normandie. On dénombre déjà une dizaine de tués et une trentaine de blessés dans les rangs français.
Au sein de son commando, Léon Gautier prend position près de la commune d'Amfreville, où il livre bataille durant 78 jours et 78 nuits, sans cesse harcelé par les patrouilles allemandes. Il lutte avec un immense courage. Il termine la campagne de Normandie à Saint-Maclou, dans l'Eure. Rapatrié ensuite en Grande-Bretagne, il se blesse à la cheville à la fin du mois d'août 1944, lors d'un exercice. Sa longue rééducation lui fait manquer la campagne de Hollande, où son unité se distingue en septembre 1944.
Démobilisé, Léon Gautier épouse le 14 octobre 1944 Dorothy Banks, une Britannique rencontrée en Angleterre, dont il est fiancé depuis 1943. Du couple, deux filles verront le jour, Jacqueline et Jeannette. Léon Gautier travaille comme chef d'atelier en terre anglaise, puis s'installe au Cameroun et au Biafra. De retour en France, il commence des études de droit dans l'Oise, devient ensuite expert automobile. Installé à sa retraite à Ouistreham, près de la plage où il a débarqué le 6 juin 1944, il s'occupe du musée du 4e commando de fusiliers marins français libres et préside l'Amicale des anciens du commando

Kieffer. Il entretient le devoir de mémoire auprès des jeunes générations. Au nom de la réconciliation franco-allemande, il se lie d'une profonde amitié avec Johannes Börner, ancien parachutiste allemand, vétéran de la campagne de Normandie en 1944, également installé à Ouistreham pour sa retraite. L'école élémentaire de Colleville-sur-Mer – aujourd'hui Colleville-Montgomery, limitrophe de Ouistreham, rattachée également à la plage de Sword Beach – porte désormais le nom de Léon Gautier. Il est grand officier de la Légion d'honneur, croix de guerre 1939-1945 (avec deux citations), médaillé de la Résistance, croix du combattant volontaire 1939-1945, croix du combattant volontaire de la Résistance, médaillé des services volontaires de la France libre, médaillé de l'ordre de l'Empire britannique.
Léon Gautier est décédé le 3 juillet 2023, à Caen.

Je n'ai fait que mon devoir de Français, m'a-t-il raconté avec modestie. Nous avons été engagés dans des conditions périlleuses et difficiles le 6 juin 1944. Je reste marqué à vie par ces combats. Les soldats allemands étaient de redoutables combattants, mais nous avions en nous, les Français libres du commando Kieffer, la volonté de libérer le pays. C'était une force qui permettait de lutter jour et nuit sur un front marqué par de redoutables duels d'artillerie, des assauts et des contre-attaques dans les deux camps, une guerre de position ayant pris fin avec l'offensive finale, puis la retraite de l'ennemi. Durant longtemps, nous avons été les oubliés du 6 juin 1944. Il a fallu attendre la sortie du film *Le Jour le plus long*, en 1962, où nous sommes à l'honneur, pour que le gouvernement français nous accorde son attention. Le général de Gaulle, estimant que ce débarquement était une affaire britannique et américaine, nous a longtemps tenus à l'écart de la reconnaissance de la nation. Il a ensuite réparé cet oubli avec justesse. Il en voulait beaucoup aux Américains de l'avoir prévenu au dernier moment de ce débarquement[37].

---

37. Entretien de l'auteur avec Léon Gautier en juin 2004. Lire également : Benjamin Massieu, *Les Français du Jour J*, Pierre de Taillac, 2019.

9.
JEANNE BOHEC, PARACHUTISTE DE LA FRANCE LIBRE

Jeanne Bohec voit le jour le 10 février 1919 à Plestin-les-Grèves, dans les Côtes-d'Armor, en Bretagne. Elle commence ses études au collège local Joachim-du-Bellay. Outre son intérêt marqué pour les mathématiques, elle se passionne pour les livres sur la guerre navale de 1914-1918. Le baccalauréat en poche, elle travaille à la poudrerie du Moulin-Blanc, à Brest.

Le 18 juin 1940, devant l'invasion allemande de la France, Jeanne Bohec décide de rejoindre la Grande-Bretagne pour continuer la lutte. Sans prévenir ses parents, elle embarque sur un remorqueur. Le lendemain, à 5 heures du matin, le navire mouille dans la rade de Plymouth. L'autorisation de débarquer n'arrive que le 21 juin. Jeanne est interrogée par des officiers britanniques des services spéciaux de l'Intelligence Service. Elle indique vouloir poursuivre la guerre contre Hitler. Conduite ensuite à Londres, elle loge

dans un orphelinat. Après un nouvel interrogatoire, elle est placée dans une famille londonienne.
Peu après, Jeanne se rend au poste de commandement des Forces françaises libres à Londres, à Carlton Gardens, où se trouve le général de Gaulle. Elle rencontre un officier français qui lui fait miroiter un possible engagement à l'avenir. Les semaines et les mois passent sans qu'il donne de nouvelles. Lasse d'attendre en vain, elle s'engage le 6 janvier 1941 dans le Corps féminin des volontaires françaises de la France libre. Elle travaille d'abord comme secrétaire dans un laboratoire de recherches sur la fabrication d'explosifs, puis, grâce au soutien du résistant Henri Frenay, de passage à Londres, elle intègre les services spéciaux de la France libre, le célèbre BCRA, où elle suit une formation d'instructeur pour les sabotages.
Outre l'instruction sur les divers explosifs, Jeanne Bohec est initiée au jet de grenades à main, au tir à la mitraillette Sten, avec le démontage et le remontage de l'arme automatique. Elle apprend à tuer silencieusement avec un poignard et une cordelette de strangulation. Elle suit un entraînement poussé de commando. Au camp de Ringway, près de Manchester, elle s'entraîne également au saut en parachute. À l'école de sécurité de Southampton, elle apprend les techniques poussées de l'espionnage et du contre-espionnage.
Désirant combattre en France, Jeanne Bohec embarque, durant la nuit du 29 février 1944, à bord d'un bombardier Halifax de la Royal Air Force, puis saute en parachute, près d'Assé-le-Boisne, dans la région d'Alençon, où elle est réceptionnée par Jean-François Clouët des Pesruches,

chef du Bureau des opérations aériennes de la région Ouest. Sa mission consiste à former des saboteurs dans les maquis, avant le débarquement des Alliés en Normandie en juin 1944. Elle sillonne la campagne bretonne à bicyclette, afin d'instruire les saboteurs dans des fermes isolées, chargés de ralentir le déplacement des troupes allemandes de la Bretagne vers le front de Normandie. Sa mission est donc capitale. D'autant que 150 000 soldats allemands, positionnés en Bretagne, peuvent venir renforcer les divisions stationnées sur la côte normande et rejeter les Alliés à la mer. Elle participe à de nombreux sabotages des voies ferrées, notamment dans le Morbihan durant tout le mois de mai 1944. Ce plan de sabotage ferroviaire, expérimenté en terre bretonne, va se révéler très efficace lorsqu'il sera étendu à toute la France, durant la nuit du 5 au 6 juin 1944. Jeanne Bohec participe également à de nombreuses actions armées contre les troupes allemandes, principalement des sabotages en tous genres. Le grand résistant Jacques Chaban-Delmas, compagnon de la Libération, écrit à son sujet, le 10 avril 1975 :

« À une époque où l'équivalence entre les femmes et les hommes sert de thème à de nombreux discours ou fait l'objet de beaucoup de mesures, Jeanne Bohec apporte la preuve éclatante que les femmes sont fort capables d'atteindre un degré de courage, de détermination et d'efficacité accessible à peu d'hommes[38]. »

---

38. Avant-propos de Jacques Chaban-Delmas dans l'ouvrage de Jeanne Bohec, *La Plastiqueuse à bicyclette*, Éditions du Félin, 1999.

Le maréchal Gerd von Rundstedt, commandant en chef des forces allemandes de l'Ouest en 1944, tient à souligner les faits suivants :

> Tous les chefs militaires allemands font état d'une révolte générale sur nos arrières durant l'été 1944. Des formations allemandes entières ont tout simplement été anéanties par les forces combattantes de la résistance française. Les maquis nous ont infligé des pertes considérables, ramenant en certains endroits à 40 % l'efficacité au combat de la Wehrmacht. Les Allemands avaient pour la résistance française une crainte énorme, parfaitement justifiée par l'importance considérable des sabotages, des embuscades, sans oublier l'efficacité redoutable des réseaux de renseignement, dont les documents transmis aux Alliés décidèrent du choix du débarquement en Normandie[39].

Le général américain Marshall, chef d'état-major des armées américaines, a quant à lui déclaré : « La résistance française a dépassé toutes nos prévisions. C'est elle qui, en retardant l'arrivée des renforts allemands et en empêchant le regroupement des divisions allemandes à l'intérieur, a assuré le succès de nos débarquements. Sans vos troupes du maquis, tout était compromis[40]. »
Le général américain Eisenhower, commandant en chef des forces alliées, a reconnu le rôle important joué par

39. Archives militaires allemandes, Fribourg-en-Brisgau.
40. Archives du Centre national Jean-Moulin, Bordeaux.

la résistance bretonne, rendant ainsi hommage à l'action de Jeanne Bohec :

> Une mention spéciale doit être faite ici de l'aide qui nous fut apportée par les FFI dans la réduction de la presqu'île bretonne. Les forces de la Résistance dans cette zone ont été portées, à partir de juin, autour d'un noyau de troupes SAS du 4e bataillon de parachutistes français, jusqu'à un effectif total d'environ 30 000 hommes. Dans la nuit du 4 au 5 août 1944, un état-major a été envoyé sur place pour prendre en charge les opérations. Devant l'avance des colonnes alliées, ces forces françaises tendaient des embuscades à l'ennemi battant en retraite, attaquaient les groupes isolés et les emplacements fortifiés, et protégeaient les ponts. Leur tâche était, une fois que nos blindés les avaient dépassés, de nettoyer les localités où demeuraient des poches de résistance, et de défendre les lignes de communication alliées. De plus, elles rendirent à nos troupes des services inestimables, en leur fournissant des renseignements quant aux dispositions et aux intentions de l'ennemi. Enfin, et ceci n'est pas le moins important, elles avaient, par leur harcèlement incessant, entouré les Allemands d'une atmosphère intenable et de danger et de haine, qui sapait la confiance de leurs chefs et le courage de leurs soldats [...].
>
> En aucune autre guerre antérieure et sur aucun autre théâtre d'opérations au cours de cette guerre, les forces de la Résistance n'ont été aussi étroitement

> intégrées à l'effort militaire principal. J'estime que la destruction des communications ferroviaires ennemies, le harcèlement du trafic automobile allemand et la pression de plus en plus forte exercée par les forces organisées de la résistance française sur les troupes allemandes ont joué un rôle considérable dans notre victoire[41].

Après la guerre, Jeanne Bohec termine ses études et occupe un poste de professeur de mathématiques au collège Roland-Dorgelès à Paris, dans le 18e arrondissement, jusqu'en 1980. De 1975 à 1983, elle est également maire adjointe de cet arrondissement. Elle décède le 11 janvier 2010, à l'âge de 90 ans. Elle est enterrée à Plestin-les-Grèves. Ses décorations attestent de son immense courage : officier de la Légion d'honneur, croix de guerre 1939-1945 avec palme, médaille de la Résistance française.

---

41. *Ibid.*

10.

PAULETTE JACQUIER, RÉSISTANTE FRANÇAISE

Paulette Jacquier est née le 18 juillet 1918, à La Frette, dans l'Isère. Au lendemain même de l'armistice de juin 1940, elle refuse la défaite et décide de poursuivre le combat. Elle tente vainement de rejoindre Londres à plusieurs reprises, où se trouve le général de Gaulle. En mars 1941, elle intègre la Résistance dans la ville de Grenoble, devenant à seulement 22 ans agente de liaison. À bicyclette, elle distribue clandestinement des tracts et des journaux dans la région. Elle transporte également des valises, contenant des documents importants, entre Valence, Lyon et Grenoble. Elle mène d'autres missions pour le compte des réseaux et des maquis locaux. Elle fait partie du groupe franc de La Frette, commandé par Roger du Marais. Elle travaille également pour d'autres groupes francs, comme celui de Chambaran. Perchée sur sa bicyclette, Paulette Jacquier cache dans son sac un revolver, qu'elle n'hésite pas à sortir en cas de danger imminent. Lors d'un contrôle, elle tue ainsi un soldat allemand qui voulait l'arrêter et parvient à prendre la fuite. Elle arpente également les chemins montagneux, qu'elle connaît si bien, en pleine nuit, afin de ravitailler plusieurs maquis, dont le groupe franc Roger. Elle établit des contacts avec les divers maquis du Vercors et leur procure des armes. Elle se dépense sans compter.

À la demande de chefs de la résistance de Clermont-Ferrand, elle forme avec son père un nouveau groupe franc. Elle participe également à des sabotages ferroviaires entre Grenoble et Lyon, n'hésite pas à accomplir, en plusieurs jours, plusieurs centaines de kilomètres pour ses diverses missions, au sein de l'Armée secrète (AS).

Le 13 juillet 1944, Paulette Jacquier est arrêtée par une patrouille allemande menant une action de représailles contre le village de La Frette. Emmenée sous bonne garde à l'école de Bourgoin-Jallieu, elle parvient à s'échapper, grâce à la complicité d'un soldat ennemi aux origines polonaises et désirant déserter pour rejoindre la résistance française. Elle se blesse en s'échappant par la fenêtre, après avoir sauté de plusieurs mètres de hauteur ! Le chef de la Résistance Guy Roger la récupère sur la route de Bourgoin-Jallieu : « Elle a été torturée, raconte-t-il, elle saigne des pieds à la tête. Mais elle veut revoir La Frette, et réconforter sa mère et ses amis, son père ayant été fusillé et sa maison incendiée. Nous avons passé la nuit dans une grange près de chez elle. Elle a ensuite été soignée[42]. »

Bien qu'à peine remise de ses blessures, Paulette Jacquier intègre le groupe franc de Chambaran, à la tête duquel

42. Archives du musée de la Résistance et de la Déportation de l'Isère, Grenoble. Lire également : Pierre Deveaux, *Le Bataillon de Chambaran*, Presses universitaires de Grenoble, 1987.

elle participe à des sabotages et à des embuscades contre les troupes allemandes. Elle lance des grenades, tire au fusil ou à la mitraillette. Lors d'un combat au corps à corps, elle tue d'un coup de poignard au cœur un soldat allemand qui tentait de l'étrangler. C'est une véritable guerrière de la lutte armée, n'ayant peur de rien.

Le 21 août 1944, Paulette Jacquier accomplit une véritable action d'éclat. Elle repousse à la grenade une colonne allemande, près de Lyon. Les soldats allemands contre-attaquent. Soutenus par les tirs de plusieurs mortiers, ils menacent des maquisards trop exposés en avant. C'est alors que Paulette prend à revers les servants allemands tirant aux mortiers, lance sur eux plusieurs grenades et fait de même sur les fantassins partis à l'assaut des maquisards. Elle tue ainsi à la grenade et à la mitraillette plusieurs soldats ennemis, ce qui permet le décrochage des maquisards. Pour cet acte d'un courage incroyable, la croix de chevalier de la Légion d'honneur lui est remise par le général de Gaulle, le 14 septembre 1944 à Lyon, aux côtés de plusieurs résistants du maquis de Chambaran, formé par Paul Porchey.

Après la libération de sa région, Paulette Jacquier s'engage dans la 1re division française libre (DFL) en tant que fusilier voltigeur, se trouvant ainsi en première ligne. Elle participe aux terribles combats dans les Vosges, en octobre-novembre 1944, puis en Alsace durant l'hiver 1944-1945, sous un froid terrible, contre des troupes allemandes fanatisées. La 1re DFL, commandée par le général Garbay, est ensuite engagée sur le front des Alpes occidentales en avril 1945, dans le massif de l'Authion, où elle subit de lourdes pertes sur un front montagneux, facile à défendre pour les Allemands. La position est finalement conquise, après une lutte féroce[43].

En 1974, Paulette Jacquier est de nouveau honorée pour son courage avec la croix d'officier de la Légion d'honneur. Elle décède le 20 février 1975, à l'âge de 56 ans.

43. Archives de la Fondation de la France libre, Paris. Lire également : Yves Gras, *La 1re DFL. Les Français libres au combat*, Presses de la Cité, 2004.

11.
VIOLETTE SZABO, PARACHUTISTE DU SOE BRITANNIQUE

Violette Szabo, née Bushell, voit le jour le 26 juin 1921 à Levallois-Perret, dans les Hauts-de-Seine, d'un père britannique (Charles Bushell), vendeur de voitures, et d'une mère française (Reine Leroy), couturière. Après la naissance d'un garçon prénommé Dickie, le couple quitte la France pour Londres, laissant leurs deux enfants chez leur tante maternelle à Noyelles-sur-Mer, dans la Somme. En 1932, Violette et Dickie retrouvent leurs parents dans le sud de Londres. À 11 ans, Violette poursuit sa scolarité dans un établissement scolaire britannique. À 14 ans, elle travaille comme corsetière, près du centre de Londres, puis dans un magasin de sous-vêtements féminins à Oxford Street. En 1940, elle décide de se rendre dans une usine d'armement, afin de participer à l'effort de guerre dans la lutte contre le nazisme. Profondément attristée par la défaite militaire de la France en mai-juin 1940, elle assiste, le 14 juillet 1940, au défilé à Londres des premiers soldats ayant rallié le général de Gaulle. À cette occasion, elle fait la connaissance d'Étienne Szabo, jeune sous-lieutenant français (d'ascendance hongroise) de la 13e demi-brigade de la Légion étrangère (DBLE), unité d'élite ayant rejoint la France libre. C'est le coup de foudre entre Violette et Étienne ! Elle l'invite chez ses parents, puis ils se marient 21 août 1940, à Aldershot. Peu après, le sous-lieutenant Étienne Szabo part combattre avec la 13e DBLE les troupes italiennes en Afrique orientale, puis en Afrique du Nord. Violette ne revoit Étienne qu'au bout d'une année, durant l'été 1941, lors d'une courte permission à Liverpool. Le 11 septembre, elle s'engage dans l'armée britannique, dans le Service territorial auxiliaire. Après une formation militaire, elle rejoint une batterie antiaérienne à Oswestry, en tant qu'opératrice de contrôle de tir. En avril 1942, elle quitte sa batterie et accouche le 8 juin d'une petite fille, prénommée Tania. Le jour de cette naissance, Étienne Szabo lutte avec héroïsme à Bir Hakeim, en Libye, contre les troupes allemandes et italiennes, bataille durant laquelle la 1re brigade française libre (BFL) fixe longuement les forces du général Rommel, permettant aux troupes britanniques, alors en pleine retraite, de se rétablir à El Alamein, en Égypte. Cet exploit militaire français fait la une des journaux britanniques et alliés. La France libre entre dans la légende.

Le 24 octobre 1942, Étienne Szabo, à la tête de la 1re BFL, est tué lors du terrible combat de l'Himeimat, au sud du front d'El Alamein, où la division parachutiste italienne Folgore oppose une résistance héroïque. L'annonce de la mort de son cher mari est une catastrophe pour Violette.

« Elle est effondrée, écrit le résistant et agent du SOE Bob Maloubier, et reste enfermée chez elle pendant des mois, prostrée, muette, avec sa fille dans ses bras. Elle refuse de recevoir qui que ce soit[44]. »
Violette est convoquée au ministère des Pensions en tant que veuve de guerre. Elle rencontre à cette occasion un élégant gentleman, Selwyn Jepson, chargé du recrutement des femmes au sein de la section française du SOE (services spéciaux britanniques). Il lui propose de rejoindre cette section. Elle accepte aussitôt, désirant venger la mort de son mari.
Le 10 juillet 1943, sa candidature est acceptée au sein du SOE. Elle est ensuite envoyée durant une vingtaine de jours dans une école de formation militaire du Surrey, puis dans une autre en Écosse, de septembre à octobre 1943, où elle apprend la topographie, le maniement des armes et des explosifs, véritable entraînement commando. Elle rejoint ensuite l'école supérieure du SOE à Beaulieu, dans le Hampshire, où elle accède à une formation encore plus poussée en armement, en explosifs et en cryptographie. La consécration repose sur un stage de parachutisme, avec obtention du brevet, à Ringway, près de Manchester.
« Lors de son premier saut en parachute, écrit Jean-Paul Lefebvre-Filleau, Violette se foule la cheville. Elle doit attendre d'être remise de sa blessure avant de reprendre l'entraînement. En février 1944, revenue à Ringway, elle obtient le mythique brevet para, mais sa blessure n'est pas totalement résorbée. Dès lors, classée "opérationnelle",

44. Bob Maloubier, *Agent secret de Churchill*, Tallandier, 2011.

elle rédige son testament dans lequel elle nomme sa mère comme exécutrice de ses dernières volontés et sa fille Tania comme unique bénéficiaire de ses modestes biens[45]. »

Sa première mission en France débute le 5 avril 1944. Violette Szabo est parachutée près de Cherbourg, en compagnie du résistant Philippe Liewer, dont le réseau, près de Rouen, a été durement frappé par l'occupant. Assurant la fonction d'agent de liaison auprès de Liewer, elle aide à constituer un nouveau réseau autour de Rouen, secteur hautement stratégique à la veille du débarquement en Normandie. Elle voyage régulièrement entre Rouen et Paris, transmet à Londres des rapports sur les usines fabriquant du matériel de guerre pour l'armée allemande, renseignements précieux pour les bombardements aériens alliés. Elle donne également des indications précises sur l'implantation des troupes allemandes en Normandie. En trois semaines, avec un incroyable courage, cette femme fine et distinguée, au visage d'une grande beauté, se révèle un agent hors pair du SOE. Le 30 avril, elle rentre en Grande-Bretagne avec Liewer, grâce à une récupération par avion Lysander dans l'Indre.

Pour sa seconde mission, Violette Szabo doit être parachutée dans le Limousin, afin de coordonner les nombreux maquis dans la lutte armée, en vue des sabotages et des embuscades devant fixer d'importantes troupes allemandes, pendant que les troupes alliées,

45. Jean-Paul Lefebvre-Filleau, *Femmes de la Résistance (1940-1945)*, préface d'Odile de Vasselot, Éditions du Rocher, 2020.

débarquées en Normandie, doivent consolider leur tête de pont : mission capitale pour la libération de la France. Dans la nuit du 7 au 8 juin 1944, vers 2 heures du matin, Violette saute en parachute d'un bombardier américain B24, avec le commandant et résistant français Philippe Liewer, le capitaine français de SOE Bob Maloubier, le lieutenant opérateur radio des services secrets américains (OSS) Jean-Claude Guiet. Tous sont réceptionnés au Clos de Sussac par la résistance locale, dépendante en grande partie du célèbre colonel des FTP Georges Guingouin, véritable héros du Limousin, futur compagnon de la Libération. Les quatre parachutistes, dont Violette Szabo, sont hébergés à Sussac, dans la maison de Mme Ribiéras, résistante.

Le samedi 10 juin 1944, le lieutenant Violette Szabo doit participer à la coordination des sabotages et des embuscades des maquis du Limousin sur les principaux axes de communication, afin d'empêcher l'arrivée des renforts allemands en Normandie, principalement la division blindée Waffen-SS Das Reich. Elle monte dans une Traction Citroën en compagnie des résistants Jacques Dufour et Jean Bariaud. À l'entrée de Salon-la-Tour, en Corrèze, le véhicule attire l'attention d'un détachement allemand en barrage routier, des Waffen-SS du 1er bataillon Deutschland de la division Das Reich. Violette et ses deux compagnons quittent l'automobile pour disparaître dans la nature. Ils empruntent malheureusement un champ en pente à découvert, aussitôt mitraillé par les Waffen-SS. Dufour se prend une balle dans le dos, mais parvient à atteindre l'extrémité du champ, ainsi que Violette, saine et sauve. Bariaud arrive également à se sauver.

Derrière des pommiers, à moins de 300 mètres, c'est la voie ferrée et, après, le maquis. Ils se rapprochent donc des arbres, mais soudain l'ancienne entorse à la cheville de Violette se réveille. Elle tombe à genoux en gémissant. Elle ne peut plus poser le pied à terre. Dufour propose de la porter, mais elle refuse, ne voulant pas retarder sa fuite. Elle lui ordonne de rejoindre le maquis pour le prévenir de la présence des soldats nazis. Derrière un arbre, Violette tire avec son arme sur les assaillants, durant une trentaine de minutes, jusqu'à l'épuisement des huit chargeurs, afin de faciliter la fuite de Dufour. Puis, à court des munitions, elle est finalement capturée. Plus de 100 Waffen-SS ratissent la campagne. Ils fouillent méthodiquement les fermes des environs. En fin de journée, Violette est conduite à la Gestapo de Limoges. Pendant ce temps, Jacques Bariaud, qui est parvenu à échapper aux Allemands, prend contact avec le commandant Philippe Liewer, qui se trouve à Sussac, et l'informe de l'arrestation de Violette Szabo.

Le lendemain même, le 11 juin 1944, Bob Maloubier, accompagné d'une équipe de résistants, se rend clandestinement à Limoges et surveille la prison où est enfermée Violette. Bob Maloubier et son équipe décident de la libérer lors d'un déplacement entre la prison et le siège de la Gestapo. L'opération est prévue le 16 juin. Maloubier et quatre maquisards, tous fortement armés, devront bondir d'une voiture et enlever Violette, pendant que Liewer, Dufour et six autres résistants assureront la couverture. Malheureusement, à l'aube du 16 juin, Violette Szabo est transférée de Limoges à Paris, de sorte que l'opération est annulée.

Amenée au siège de la Gestapo, avenue Foch, Violette subit plusieurs semaines d'interrogatoires d'une grande brutalité, sous la direction d'Horst Kopkow. Malgré les coups et autres sévices, elle refuse de parler. Le 8 août 1944, elle est déportée à Ravensbrück, en compagnie de deux autres agentes du SOE, Denise Bloch et Lilian Rolfe. Après trois semaines dans cet enfer, elles sont envoyées à Torgau, un camp de travail, puis à Königsberg et de nouveau à Ravensbrück.
Entre le 25 janvier et le 5 février 1945, elles sont conduites dans une cour, derrière le four crématoire du camp. Denise Bloch et Lilian Rolfe, très malades, sont portées sur des civières. Violette Szabo parvient à marcher. Le commandant SS du camp, Fritz Suhren, leur lit un ordre venant de la direction du contre-espionnage de Berlin, annonçant que les trois prisonnières sont condamnées à mort. Il ordonne à l'un de ses subordonnés, le SS Schülte, de procéder à cette exécution. Schülte abat chaque femme d'une balle dans la nuque. Leurs corps sont ensuite incinérés.
Violette Szabo, figure héroïque de la Résistance, a été honorée de plusieurs décorations : la médaille de l'ordre de l'Empire britannique, la croix de George (c'est la seconde femme à la recevoir), la croix de guerre 1939-1945 avec étoile de bronze, la médaille de la Résistance française.

12. PIERRE CHARTON, LÉGIONNAIRE FRANÇAIS

L'armée française redore son blason après ses brillantes victoires en Libye et en Égypte en 1942, en Tunisie en 1943 et en Italie en 1944. Dès lors, la libération de la France approche. Pierre Charton, né en 1903 à Poligny, dans le Jura, intègre l'école militaire de Saint-Cyr en 1923, puis rejoint en 1928 la Légion étrangère, qu'il ne va plus quitter de toute sa carrière militaire. Il est affecté au Maroc, en Tunisie, puis en Algérie. En 1932, il effectue un séjour au Tonkin. Durant la Seconde Guerre mondiale, il combat avec bravoure dans les rangs du régiment de marche de la Légion étrangère (RMLE), où il participe à la libération de la France.

En 1944, me raconte-t-il, j'appartiens au RMLE, fournissant l'infanterie à la 5e division blindée (DB) du général de Vernejoul. Je commande un sous-groupement blindé, rattaché au groupement du colonel Schlesser. La 5e DB, regroupée et instruite au Maroc et en Algérie, débarque en août 1944 en Provence, dans la région de Saint-Raphaël – Fréjus.

Les premiers échelons du débarquement ont enfoncé les positions allemandes. À peine débarqués, nous nous installons en bivouac, attendant le reste de la division toujours en mer dans divers navires. Voici que des FTP, résistants communistes, viennent nous rendre visite et distribuent le journal *L'Humanité*, tout en fixant notre armement et nos véhicules. Nous les recevons cordialement tout en leur faisant comprendre avec fermeté que Staline, allié d'Hitler jusqu'en juin 1941, n'est pas notre tasse de thé. Ils s'étonnent de la devise de la 5e DB, inscrite sur nos véhicules : « France d'abord » !

— C'est un slogan fasciste ! affirme un des FTP.

— C'est la devise de notre division et nous en sommes fiers ! dis-je à ce paltoquet.

Les premiers contacts avec les résistants locaux ne sont pas d'une grande chaleur amicale. Nous avons baroudé en Afrique du Nord contre les troupes allemandes et italiennes, en perdant beaucoup de nos hommes au combat, nous n'avons aucune leçon à recevoir de ces gugusses, résistants pour la plupart depuis juin 1944 ! Même si certains sont d'authentiques combattants.

Une fois regroupé, mon sous-groupement libère un village proche, en attendant que la 5e DB se rassemble dans les environs. Le combat est bref, les Allemands décampent rapidement devant notre armement lourd. La population, pourtant libérée des nazis, semble mourir de peur en nous accueillant. Ces guerriers venus d'Afrique du Nord leur semblent aussi terribles que les Allemands. Pourtant, nous sommes leurs libérateurs. La situation s'arrange par la suite. Les villageois sont étonnés de la discipline de fer de notre unité. Cela change des FTP. Le dimanche, à la stupéfaction générale, tous les officiers assistent à la messe. Le curé respire, nous ne sommes pas des sauvages ! Je rends aussi visite au maire et lui déclare que je le reconnais comme l'unique autorité légale du village.

Une vieille femme d'une soixantaine d'années me contacte pour se plaindre des FTP qui viennent de lui tondre les cheveux.

— Et pourquoi donc ?

— Je suis laveuse du village et je lavais également le linge des Allemands.

— Je vais m'opposer à cette justice expéditive. Je ne peux faire repousser vos cheveux, mettez une coiffure et estimez-vous heureuse, car je viens d'apprendre que les FTP locaux ont assassiné plusieurs civils du village voisin, dont un chirurgien, qui a pourtant caché des juifs et des résistants !

Le maire me dit :

— Vous savez, le commandant allemand n'était pas si méchant que cela. Il jouait même à la pétanque avec nous. Cependant, dans les environs, des résistants ont été fusillés par une unité SS de passage. Je vous demande d'organiser une cérémonie à leur mémoire.

J'accepte sa requête pour calmer la situation tendue avec les FTP. Je fais un discours exaltant le courage de ces combattants de l'ombre. Les FTP présents bombent le torse. Le chef du groupe des FTP m'interpelle :

— Tout cela, c'est bien beau, mais il faut désormais tuer tous les ennemis de l'intérieur.

— Je n'en ai pas encore vu un seul !

— Si, il y a des miliciens partout.

— Ils sont partis avec les Allemands, dis-je avec assurance et fermeté.

Le chef FTP tente alors de débaucher certains de mes légionnaires, des Espagnols antifranquistes, pour les pousser à rejoindre les rangs de ses propres troupes. Je parviens à prendre ce chef des FTP au collet devant la terrasse bondée d'un café et je lui dis :

— Vous voyez cet arbre, je vous ferai pendre à cette branche si vous essayez de faire déserter un de mes légionnaires.

Il se le tient pour dit. En revanche, des maquisards gaullistes viennent rejoindre nos rangs. Nous quittons cet endroit en direction de Bourg-en-Bresse. Arrivée aux portes de Besançon, la 5e DB doit ralentir sa progression. Les Allemands ont fait sauter les ponts du Doubs. Il nous faut construire des ponts de fortune pour passer avec nos blindés. Puis, la 5e DB manquant de carburant, on doit s'arrêter près de Vesoul. On cantonne dans le village de Raze.

Je reçois la visite d'un officier de cavalerie appartenant à une unité FFI, composée uniquement d'anciens militaires de carrière, rattachés à l'Armée secrète. Il me raconte qu'un maquisard FTP lui a tiré dessus pour lui prendre son arme. Charmant !

Nous installons un bureau de recrutement à Raze, où nous recevons plusieurs engagements pour la durée de la guerre. Nous instruisons un régiment FFI du Doubs, fort de trois bataillons. Nous quittons ensuite Raze pour attaquer les positions allemandes en novembre 1944, en direction d'Héricourt et de Belfort. Malgré de très lourdes pertes, nous nous emparons de Fontenois le 14, d'Accolans le 15, de Raynans le 16. Nous pénétrons enfin dans Héricourt le 17 novembre 1944, où nous faisons de nombreux prisonniers allemands. Je groupe ces derniers dans une caserne et demande à des FFI locaux de les garder. Les FFI se précipitent sur eux pour les dépouiller. Ils les briment et s'amusent même à en fusiller quelques-uns. Je dois intervenir pour faire cesser ces excès et j'exige que l'on soigne les blessés allemands.

Le 19 novembre 1944, nous nous emparons de Montbéliard, puis le 21 nous livrons un terrible combat pour reprendre aux Allemands le carrefour de Courtelevant, permettant la liaison avec la 1re division blindée française. Malgré de puissantes contre-attaques allemandes, la position reste entre nos mains.

Le 22 novembre 1944, nous libérons Suarce, malgré la résistance acharnée des troupes allemandes. On me demande de pousser en direction de Mulhouse et de Colmar. Cependant, nos pertes sont lourdes et nous devons attendre le ravitaillement. Le 27 novembre, je reçois l'ordre de m'emparer de Dannemarie avec mon sous-groupement. L'assaut débute dans la grisaille du matin. J'ai rapidement deux blindés détruits, victimes d'un char Panther embossé en lisière de Dannemarie. Nous parvenons cependant à pénétrer dans la ville, après de durs combats. Afin de parachever la conquête de Dannemarie, nous traversons le canal du Rhône au Rhin et établissons une tête de pont au village de Wolfersdorf.

Le 7 décembre 1944, nous sommes à Aubure. Le 8, j'attaque Hachimette avec mon sous-groupement, pendant que les tabors marocains s'emparent de Lapoutroie. Les Allemands opposent une résistance opiniâtre. Il faut conquérir le terrain mètre par mètre. Je suis sauvé par mon casque, qui reçoit un éclat de grenade sans que l'acier soit percé.

Le 11 décembre 1944, malgré un froid terrible, nous attaquons Orbey, soutenus par une puissante artillerie. Les Allemands contre-attaquent et nous coupent de nos lignes arrière. Une unité du 1er régiment étranger de cavalerie vient nous secourir et nous aide à nous dégager. Le commandement nous renforce également d'un bataillon de tirailleurs tunisiens.

En revenant à mon poste de commandement, je suis grièvement blessé au bas-ventre et au bras gauche par des éclats d'obus. Je suis transporté à moitié mort à Sainte-Marie-aux-Mines. Je suis opéré par un jeune interne des hôpitaux de Lyon. Après cette opération, comme je donne peu d'espoir de guérison, je suis installé dans la salle des mourants. On en profite pour me voler ma montre et mes chaussures de marche. Je vois mourir plusieurs de mes voisins. Très étonné de me retrouver en vie, le jeune chirurgien m'affecte dans une chambre, et une charmante infirmière s'occupe bien de moi. Quelques jours plus tard, je suis chargé dans une ambulance devant me déposer à l'hôpital de Remiremont.

La route est très enneigée, ce qui n'est pas confortable pour un blessé de ma gravité. L'ambulance termine contre un arbre ! L'ambulancière parvient à me faire transporter dans une ferme proche pour me protéger du froid. Un véhicule américain passe et me transporte à l'hôpital de Remiremont. Je me trouve dans une chambre de troupe, entre un soldat allemand et un tirailleur algérien. Un infirmier veut me donner du rhum. Connaissant suffisamment ce breuvage, je refuse d'en boire, sachant que cela m'aurait tué. J'ai sur mon lit une couverture américaine pleine de sang.

Le lendemain, le médecin-chef me fait transférer dans un autre hôpital de la ville, où je suis placé dans une chambre double. J'y suis très bien soigné. Je suis ensuite dirigé vers l'hôpital militaire de Dijon, où je retrouve un pharmacien que j'avais connu en Algérie. Comme je vais mieux, me voici déplacé au dispensaire de la Croix-Rouge de Dijon, afin d'y parfaire ma guérison.

Après un congé dans ma famille, on m'affecte à l'état-major du 2e corps d'armée de la 1re armée française du général de Lattre de Tassigny, à Sigmaringen. L'Allemagne a capitulé. La guerre est terminée en Europe. Durant l'été 1945, les mairies de Lapoutroie et d'Hachimette organisent une fête de la victoire. Je suis désigné par le général de Monsabert pour y représenter la 1re armée française, puisque je suis le seul de l'état-major à avoir participé à la libération de ces deux localités.

Il n'est question à cette fête que des héroïques partisans communistes qui auraient libéré ces deux villages, alors que je n'en ai pas vu un seul durant les combats. Le repas à peine terminé, énervé par des discours faussant la réalité historique, j'interpelle l'assemblée des notables pour leur dire : « Si vous êtes assez curieux de savoir qui a libéré vos deux villages, allez donc faire un tour au cimetière et lisez les noms inscrits sur les tombes des soldats tués de la 1re armée française. » Sans plus attendre, écœuré par cette propagande, je rejoins mon PC à Sigmaringen.

Là-bas, je trouve une population allemande cherchant à nous faire croire qu'elle n'a jamais adhéré au nazisme. On rêve ! La servilité, la veulerie, l'hypocrisie se déploient devant moi et mes soldats. À vomir !

De la Provence au cœur de l'Allemagne, mes légionnaires ont lutté comme des lions, dans les pires conditions, contre un adversaire fanatisé, opposant une résistance féroce. Nous avons livré d'innombrables combats sous un soleil de plomb durant l'été, sous une pluie diluvienne en automne et sous un froid glacial en hiver. Nous n'avons jamais démérité. Avec nos blindés légers, nous avons affronté des chars lourds allemands Panther et Tigre, bien supérieurs en blindage et en armement à nos modestes Sherman venus nous appuyer. Plus mobiles que l'adversaire, nous sommes parvenus à le vaincre, après bien des épreuves[46].

46. Entretiens de l'auteur avec le colonel Pierre Charton en mai 1983. Lire également : Pierre Charton, *Il y a la Légion… Mémoires*, Indo Éditions, 2008.

Je conserve de ma rencontre avec le colonel Pierre Charton le souvenir d'un officier d'une grande valeur humaine, droit et juste, sincère et intègre, animé par le sens du sacrifice et de l'honneur. Un chevalier du XXe siècle ! Il est décédé en 1987.

13.
JACQUES TURLAN, PARACHUTISTE FRANÇAIS

L'armée française de Libération de 1944-1945 aligne des unités blindées, d'infanterie, d'artillerie, du génie, ainsi que des régiments parachutistes qui se distinguent particulièrement au combat.
Jacques Turlan, né le 3 décembre 1923 à Bordeaux, évadé de France en juin 1943, passe par les Pyrénées grâce à un réseau d'évasion. Capturé par des gendarmes espagnols franquistes, il est interné quatre mois dans un camp de prisonniers en Espagne. Libéré en octobre 1943, il rejoint le Maroc et s'engage au sein du 1er régiment de chasseurs parachutistes (RCP).

Je me trouve sous les ordres du commandant Faure et du colonel Geille, deux officiers exceptionnels qui parviennent à nous équiper correctement, grâce à la solide puissance logistique américaine. Nos casques, nos tenues de combat et nos armes sont américains : un équipement d'une grande qualité. Nous suivons un entraînement poussé en montagne, en vue d'une intervention aéroportée en Autriche. Cependant, cette opération est finalement annulée, comme le seront celles prévues sur l'île d'Elbe, en Auvergne, en Provence et dans le Vercors. Nous sommes profondément déçus, car nous voulons en découdre au plus vite avec les Allemands.

Faure rencontre le général de Lattre de Tassigny, commandant de la 1re armée française, pour lui faire part de la colère du 1er RCP d'être relégué à l'arrière. De Lattre de Tassigny affirme à son interlocuteur que le 1er RCP va bientôt recevoir une mission digne de sa valeur militaire.

En effet, on débarque enfin en France le 4 septembre 1944, afin de renforcer la 1re armée française qui doit libérer les Vosges et l'Alsace. Le 1er corps d'armée du général Béthouart agit en direction de Delle – Altkirch, tandis que le 2e corps d'armée du général de Monsabert doit conquérir Giromagny, le col du Bussang et atteindre le plateau de Rougemont. Le 1er RCP doit être parachuté au-dessus de Thann et de Cernay afin de prendre l'adversaire à revers. Cependant, le commandant Faure apprend que cette opération aéroportée est annulée. Finalement, le 1er RCP doit renforcer l'infanterie de la 1re division blindée française du général Touzet du Vigier. On quitte alors Valence pour rejoindre la région de Luxeuil et de Faucogney.

Au début d'octobre 1944, nous affrontons les troupes allemandes dans les Vosges. On s'enfonce dans la sombre forêt du Géhant, où nous sommes rapidement stoppés par la puissance de feu de l'ennemi, solidement retranché sur des positions qui semblent inexpugnables. On parvient cependant à enfoncer le front, après un assaut furibond à la grenade, et avec le soutien de nos mortiers et de nos mitrailleuses. Armé d'une excellente carabine américaine USM1, je vide chargeur sur chargeur. Je suis galvanisé par nos chefs, qui donnent l'exemple en première ligne. Cependant, la seconde ligne allemande est solidement tenue par des chasseurs de montagne. Notre mission est de déborder le village du Thillot. Le secteur est montagneux et il faut ruser pour surprendre l'adversaire.

Les unités allemandes, installées semble-t-il de part et d'autre d'une crête, seraient lourdement armées. Le commandant Jacques Faure, ancien chasseur alpin, ordonne que les compagnies progressent les unes derrière les autres dans un silence total. On doit passer comme des ombres pour s'emparer du col de Morbieux. La nuit est si noire sous les sapins que chaque parachutiste tient son camarade de devant par sa musette. On forme alors un gigantesque « mille-pattes » : le

1er RCP chemine ainsi silencieusement à travers le dispositif ennemi. Le commandant Faure donne à ce déplacement insolite la lente cadence de la marche en montagne.

On découvre finalement que la crête est vide de toute présence allemande. Nous parvenons près du col de Morbieux un peu avant l'aube. Une de nos patrouilles signale qu'une unité allemande d'artillerie occupe le col en question. On se déploie alors en silence pour surprendre l'adversaire. Notre assaut bénéficie d'une surprise totale. On enlève facilement cette position et on capture plusieurs canons allemands de 150 mm. Un bataillon du régiment progresse vers la hauteur dominant le village du Mesnil, qui tombe après un assaut intrépide. Les Allemands contre-attaquent pour reprendre le col de Morbieux. On repousse avec toutes nos armes l'adversaire en lui causant de lourdes pertes. Cependant, l'ennemi parvient à s'enfoncer entre le col de Morbieux et le col du Rhamné, isolant le 1er RCP, qui ne reçoit plus de ravitaillement. Les chevaux de la batterie allemande sont abattus et la viande consommée sur place.

Le 9 octobre 1944, on reçoit finalement l'aide du 3e régiment de tirailleurs algériens. Nos opérations reprennent avec succès. Le 15, on doit prendre le col d'Oderen. L'assaut débute sous une pluie diluvienne et on s'empare du col après trois heures de lutte féroce, allant jusqu'au corps-à-corps. Je tue à bout portant avec ma carabine plusieurs soldats allemands. La pluie tombe toujours. Le 17 au soir, les Allemands contre-attaquent avec fougue. Nous repoussons cet assaut avec nos grenades et nos armes automatiques. Deux compagnies viennent nous renforcer. On lutte à plus de 1 000 mètres d'altitude, dans le froid. On déplore 129 tués, 339 blessés et 280 évacués pour pieds gelés. Finalement, le 21 octobre, sous la pression de plus en plus forte des troupes allemandes, nous sommes contraints d'évacuer le col d'Oderen.

Du fait de l'ampleur de nos pertes, atteignant 50 % des effectifs initiaux, nous passons quelques semaines de repos dans le Jura et sommes renforcés par de jeunes maquisards. Le 28 novembre 1944, Faure, promu colonel, prend le commandement du 1er RCP. Le 7 décembre 1944, nous sommes engagés en Alsace, aux côtés de la 2e division blindée (DB) française du général Leclerc de Hauteclocque. Nous livrons, avec l'aide des chars Sherman de la 2e DB, de terribles combats pour nous emparer de la localité de Witternheim. On déplore 33 tués et 147 blessés sur un effectif engagé de 511 officiers et soldats !

Pour la seconde fois, nous arrivons à la limite de l'usure. Un court séjour entre le col du Bonhomme et le col de la Schlucht nous replonge dans les Vosges, désormais enneigées. Puis, nous soutenons la 1re division française libre à Benfeld, où nous menons avec succès plusieurs contre-attaques. On doit ensuite appuyer la 5e division blindée du général de Vernejoul afin de s'emparer de Jebsheim, une place forte stratégique solidement tenue par les Allemands.

Le 25 janvier 1945, nous lançons l'assaut pour la prise de Jebsheim, par un froid terrible. La neige tombe à gros flocons. Nous sommes vêtus de grands anoraks blancs qui descendent jusqu'au mollet. On s'infiltre dans le bois de Jebsheim. La température est tombée à – 20 °C. Nos uniques abris sont les trous individuels creusés dans la neige épaisse. Soudain, l'artillerie allemande se déchaîne sur le bois de Jebsheim. Nous déplorons 80 tués ou blessés en peu de temps. Dans la matinée du 26, ma compagnie perd 20 hommes en quelques minutes. Deux obus de 88 mm tombent sur mon groupe, tuant sur le coup 6 de mes camarades ! Un éclat d'obus frappe durement mon casque sans le percer. Il vient de me sauver la vie !

Toute la journée du 26 janvier 1945, nous attaquons le village de Jebsheim, avec l'aide du 254e régiment américain d'infanterie et des blindés de la 5e DB française. Le 27, on s'empare de la partie nord-ouest du village, puis nous sommes pilonnés par l'artillerie allemande. Les légionnaires du 3e RMLE viennent nous soutenir. Il nous faut repousser de nombreuses contre-attaques allemandes. Les combats sont d'une incroyable dureté. On lutte au corps à corps. Je poignarde un soldat allemand qui voulait m'étrangler avec ses mains. Chaque maison est un bunker où se trouve un *Panzerfaust*, arme allemande redoutable contre les chars. À peine avons-nous pris un groupe de maisons qu'une contre-attaque allemande, soutenue par des chars lourds, nous fait refluer. Finalement, à la grenade, à la mitraillette, au fusil, au poignard, l'avance reprend, lente et particulièrement meurtrière. Cependant, durant cette journée du 27, on ne peut occuper que quelques pâtés de maisons. Les Allemands s'accrochent durement. La lutte se poursuit toute la nuit du 27 au 28 janvier 1945. À l'aube, les rues sont pleines de cadavres écrasés par les chars. L'artillerie se déchaîne dans les deux camps. On se tue d'une maison à l'autre, tandis que les mitrailleuses interdisent les rues et les carrefours par de longues rafales balayant la chaussée. Nos chars pratiquent dans les maisons des brèches où nous pouvons nous engouffrer. Les chars allemands Tigre II sont des pachydermes d'acier de 68 tonnes, très supérieurs à nos Sherman de 32 tonnes. Il faut sacrifier plusieurs Sherman pour détruire un Tigre II.

Des attaques sur les ailes fixent d'importantes troupes allemandes, nous permettant ainsi de progresser à l'intérieur de Jebsheim. On fait enfin de nombreux prisonniers. En fin de journée, nous tenons Jebsheim. Il semble que l'ennemi soit en pleine retraite. Or la bataille reprend de plus belle le 29 janvier 1945. Le 136e régiment allemand de chasseurs de montagne et le 525e régiment allemand de chasseurs de chars lancent une foudroyante contre-attaque. De 9 à 16 heures, la lutte fait rage. Les Allemands s'emparent de plusieurs maisons, mais nous opposons une résistance acharnée. Finalement, dans un dernier effort, nous repoussons l'adversaire, avec le soutien des chars et des chasseurs bombardiers. Au soir du 29 janvier 1945, le village de Jebsheim est français, ou plutôt ce qu'il en reste : des ruines ! On déplore 300 hommes hors de combat et nos alliés américains autant. Nous capturons 750 soldats allemands et les Américains plus de 300. Jebsheim devient le symbole de la fraternité d'armes franco-américaine.

Le 3 février 1945, on pénètre dans Colmar, avec d'autres unités de la 1re armée française. Puis, nous parvenons à conquérir, dans un ultime combat, Widensolen, le 18 février 1945. Je suis sérieusement blessé à la jambe droite par un éclat de mortier lors de la prise de cette localité. On me dirige vers un hôpital militaire près de Colmar, où je suis soigné avec sérieux jusqu'à la fin de la guerre, en mai 1945. Je retrouve par la suite ma chère ville de Bordeaux, avec la fierté d'avoir accompli mon devoir de Français patriote, pendant que tant d'autres se sont vautrés dans la passivité ou la collaboration[47].

C'est dans le cadre du Centre national Jean-Moulin de Bordeaux que j'ai rencontré Jacques Turlan, un homme profondément marqué par son appartenance au 1er RCP, resté fidèle aux valeurs martiales de ce régiment d'élite. Il est décédé en mai 2014.

---

47. Entretiens de l'auteur avec Jacques Turlan en mai 1994.

14.
LA BRAVOURE MÉCONNUE DES SOLDATS ITALIENS

Contrairement à une légende tenace présentant les soldats italiens comme des militaires d'opérette, ils ont combattu avec bravoure durant la Seconde Guerre mondiale, aussi bien en Europe qu'en Afrique, où ils ont été engagés. Fait totalement méconnu, lors des combats de la Libération en 1943-1945 sur le front italien, les troupes italiennes restées fidèles à Mussolini opposent une résistance acharnée aux Alliés.

Adriano Costa, parachutiste du régiment Folgore
En septembre 1943, Mussolini fonde la République sociale italienne (RSI), poursuivant la lutte aux côtés des Allemands. À ce titre, 400 000 à 600 000 soldats et miliciens fascistes italiens participent aux combats contre l'invasion des troupes alliées, après leur débarquement au sud de la péninsule, en septembre 1943.

Adriano Costa, âgé de 22 ans, rejoint le régiment parachutiste Folgore de la RSI du colonel Dalmas, constitué le 27 avril 1944 avec le bataillon Nembo sous les ordres du commandant Rizzatti, le bataillon Cyclone (prenant ensuite le nom de bataillon Folgore) sous les ordres du capitaine Recchia et le bataillon Azzuro du capitaine Bussoli. L'ensemble regroupe environ 1 800 parachutistes.

> Le 3 juin 1944, le régiment Folgore se trouve au sud de Rome, me raconte Adriano Costa avec passion et précision, sur le front de Castel di Decima, opposé aux 1re et 5e divisions britanniques d'infanterie. Je me trouve en pointe du dispositif défensif, avec 680 de mes camarades parachutistes, contre la 5e division britannique, regroupant 15 000 hommes. Le 4 juin, le commandant Carlo Rizzatti trouve une mort glorieuse en essayant de détruire un char Sherman de 32 tonnes avec une simple grenade. Nous affrontons le 46e Royal Tank Regiment, appuyant la 5e division britannique. Nous sommes armés de lance-roquettes antichars allemands et parvenons à détruire toute une colonne de blindés britanniques. On doit s'approcher à 50 mètres pour cette mission suicide. Les Britanniques, qui ne s'attendaient pas à une résistance aussi acharnée, marquent le pas. Durant une journée entière, nous bloquons la progression ennemie. On déplore 82 tués et 148 blessés sur 680 paras engagés dans notre bataillon, mais une trentaine de blindés alliés sont mis hors de combat. La 5e division britannique est contenue, avec de lourdes pertes humaines (600 tués ou blessés). Je me souviens d'avoir détruit trois tanks ennemis à faible

distance avec mon armement antichar. Nous étions portés par une force incroyable, et la mort héroïque du commandant Rizzatti n'a fait que décupler notre combativité.

Après cette bataille épique aux portes de Rome, nous nous reformons à l'arrière. Le régiment Folgore rejoint ensuite le front des Alpes occidentales, contre les troupes françaises et américaines. Nous combattons aux côtés de la division alpine italienne Monterosa, de la division italienne des grenadiers Littorio, de la 5e division allemande de montagne et de la 44e division allemande d'infanteric. Nous formons une force de 44 000 hommes contre le double de soldats alliés. Nous tenons le secteur de Montgenèvre, à plus de 2 000 mètres d'altitude. Nous menons de nombreuses patrouilles et reconnaissances, dans les pires conditions topographiques et climatiques en hiver. D'août 1944 à mai 1945, nous repoussons tous les assauts ennemis et parvenons même à conquérir des sommets, après une lutte sauvage. Le 4 mai 1945, nous nous trouvons dans le Val d'Aoste, la guerre sur le front italien se termine. Nous nous rendons à une division américaine qui, admirative de notre bravoure, nous rend les honneurs militaires. Je parviens à m'évader du camp de prisonniers et à rejoindre, après bien des péripéties, ma famille à Vérone, en évitant les vengeances et les épurations sauvages des partisans communistes italiens[48].

---

48. Entretiens de l'auteur avec Adriano Costa en juillet-août 1987.

J'ai rencontré Adriano Costa à Vérone, en juillet-août 1987, grâce à l'association nationale des anciens parachutistes italiens de la RSI (Associazione Nazionale Nembo). Il était resté fidèle à ses idées nationalistes et aux valeurs martiales des paras italiens du régiment Folgore.

Mario Musco, bersaglier du bataillon Mussolini

Sur le front des Alpes juliennes, à la frontière italo-yougoslave, les troupes de la République sociale italienne de Mussolini – reposant sur les bersaglieri (tirailleurs) du bataillon Mussolini, les *alpini* du bataillon Valanga et du régiment Tagliamento, les fusiliers marins de la division Decima Mas, les 4e et 5e régiments de la garde nationale républicaine, sur le groupement blindé San Giusto, la 7e légion de chemises noires, plusieurs autres bataillons indépendants et unités diverses – opposent une résistance acharnée au 9e corps d'armée de partisans yougoslaves de Tito, en 1943-1945. Tito veut annexer la Vénétie julienne jusqu'à Venise, avant l'arrivée des troupes anglo-américaines. Pour éviter une situation aussi désastreuse pour l'Italie, les troupes italiennes de la RSI forment un solide front défensif en zone montagneuse, où se sont déroulées en 1915-1917 les 11 batailles de l'Isonzo, où sont tombés (tués ou blessés) 600 000 soldats italiens et 400 000 soldats austro-hongrois. Ce front est donc considéré comme une terre sacrée aux yeux des Italiens, au même titre que Verdun en France.

Mario Musco, âgé de 25 ans et originaire de Brescia, fervent nationaliste, s'engage dans les bersaglieri du bataillon Mussolini, unité constituée à Vérone en septembre-octobre 1943, grâce au colonel Mario Carloni, alignant cinq compagnies de combat, avec 2 000 soldats et 90 officiers. Les effectifs varient en fonction des pertes humaines et des départs pour d'autres unités. Le 12 février 1944, le bataillon Mussolini aligne 33 officiers, 94 sous-officiers et 622 soldats. Le 1er août 1944, on dénombre au sein de cette unité 39 officiers, 98 sous-officiers et 1 062 soldats. Le 23 mars 1945, les effectifs reposent sur 30 officiers, 140 sous-officiers et 455 soldats. Le 29 avril 1945, le bataillon aligne 600 hommes au total. De septembre 1943 à avril 1945, il déplore 300 tués et 700 blessés sur environ 2 000 hommes engagés. Tenant un front d'une trentaine de kilomètres, dans le secteur de Gorizia et de Santa Lucia, le bataillon Mussolini parvient à tenir en échec 8 000 partisans titistes, alignant pourtant un armement lourd supérieur : un véritable exploit militaire !

> Nous sommes animés d'une volonté farouche de défendre cette terre sacrée italienne, me raconte Mario Musco. Mon père a défendu ce territoire en 1915-1918, lors de notre guerre glorieuse contre l'Autriche-Hongrie. Nous sommes tous des volontaires au sein de ce bataillon d'élite, constitué uniquement de bersaglieri. Par des patrouilles d'une grande mobilité, des embuscades particulièrement efficaces et des assauts furibonds, nous faisons croire à l'adversaire que nous sommes dix fois plus nombreux. Le secteur montagneux du front de l'Isonzo facilite la défense de nos positions et nos opérations offensives. Nous disposons d'une cinquantaine de mortiers de 45 et 81 mm, de six mitrailleuses lourdes Breda de 20 mm et de six mitrailleuses lourdes Hotchkiss de 25 mm, sans

oublier des canons antichars de 47 mm. L'armement léger est puissant, avec notamment des excellentes mitraillettes Beretta modèle 1938, des mousquetons Carcano modèle 1891, des fusils-mitrailleurs Breda, etc.

Il y a en nous l'esprit guerrier de la troupe d'élite des bersaglieri. Unité réputée pour sa grande mobilité tactique, ses prouesses offensives et son acharnement défensif. À plusieurs reprises, les partisans titistes tentent de conquérir nos positions. Ils sont repoussés chaque fois. Nous menons des opérations commandos dans leurs lignes et nous y faisons de nombreux prisonniers, notamment à Valla del Baccia en juin 1944. D'octobre 1943 à fin avril 1945, nous préservons toute la Vénétie julienne d'une annexion yougoslave. La guerre terminée, je parviens à éviter la capture par les troupes anglo-américaines, et surtout par celles des partisans titistes qui tuent les prisonniers italiens sauvagement et sans pitié. Les italophones de la Dalmatie n'ont pas la même chance, 80 000 d'entre eux (hommes, femmes et enfants) sont massacrés par les partisans titistes : un véritable génocide ethnique passé sous silence durant des décennies[49].

J'ai rencontré Mario Musco à Brescia, grâce à l'association des anciens combattants de la RSI. Il avait conservé les nobles valeurs du corps d'élite des bersaglieri, fondées sur le courage, l'audace et le don de soi.

49. Entretiens de l'auteur avec Mario Musco en juillet-août 1987.

Carlo Alfredo Panzarasa, fusilier marin de la Decima Mas

Parmi les unités italiennes défendant la frontière italo-yougoslave contre les partisans communistes de Josip Broz Tito en 1943-1945, se trouve la Decima Mas du prince Junio Valerio Borghese, resté fidèle au régime fasciste de Mussolini. De nombreux volontaires se présentent dans ses rangs à la fin de l'année 1943, permettant à cette prestigieuse unité d'élite, admirée aussi bien des Allemands que des Alliés, d'aligner 25 000 hommes, dont 14 000 forment une division de fusiliers marins à deux régiments d'infanterie et un régiment d'artillerie, le reste embarquant sur une trentaine d'engins d'assaut, comprenant des torpilles pilotées, des vedettes lance-torpilles, des canots explosifs et des sous-marins de poche. De mars 1941 à août 1943, la Decima Mas coule 5 navires alliés de guerre d'un tonnage total de 75 690 tonnes (dont 2 cuirassés britanniques de 32 000 tonnes chacun) et 27 navires alliés marchands de 189 662 tonnes : soit un ensemble de 265 532 tonnes de navires alliés coulés. Un bilan remarquable pour cette formation de la marine de guerre italienne.

Parmi les engagés volontaires de la fin de la guerre se trouve Carlo Alfredo Panzarasa, né le 4 mai 1926, issu d'une famille d'émigrés italiens vivant à Paris. Il y fréquente le prestigieux collège Saint-Jean-de-Passy. Membre de la jeunesse fasciste italienne depuis le 26 juillet 1941, il rejoint le 11 novembre 1943 le *fascio* républicain de Paris, fidèle à Mussolini et à son régime.

Les volontaires franco-italiens comme Carlo Alfredo Panzarasa, désirant poursuivre le combat contre les Alliés, rejoignent la base sous-marine italienne de Bordeaux-Bacalan. Depuis septembre 1940, 32 sous-marins italiens luttent aux côtés de la marine de guerre allemande dans l'Atlantique. L'ensemble de cette puissante formation italienne aligne 1 800 sous-mariniers, 700 fusiliers marins et carabiniers, 400 ouvriers marins et 35 officiers supérieurs, soit 2 935 militaires. Les 32 sous-marins présents forment le 11e groupe italien de sous-marins. La capitulation militaire de l'Italie en septembre 1943 met fin à l'action des sous-marins italiens. La garnison de 2 000 marins italiens survivants reste fidèle à Mussolini et à l'Allemagne. De septembre 1940 à septembre 1943, les 32 sous-marins italiens de Bordeaux-Bacalan ont coulé 124 navires alliés dans l'Atlantique ou ailleurs. Ce bilan fait l'admiration de l'amirauté allemande. En mars 1944, le bataillon de fusiliers marins Longobardo, portant le nom d'un héroïque sous-marinier mort au combat, voit le jour à Bordeaux, avec l'arrivée de 150 volontaires franco-italiens, dont Carlo Alfredo Panzarasa.

> Nous sommes d'abord encasernés sur les quais de Bacalan, dans des bâtiments formant d'immenses chambrées, avec des uniformes du bataillon de fusiliers marins San Marco. Puis, en avril 1944, nous suivons une instruction militaire poussée au camp militaire de Canéjan, au sud de Bordeaux, au milieu des pins. Le sous-lieutenant Parello, rescapé du front russe de la division alpine Julia, assure une instruction de troupe d'élite.
>
> Le camp de Canéjan, appelé « villagio Todaro », aligne une douzaine de constructions en bois,

contenant chacune une quarantaine de lits. Les baraques sont situées de part et d'autre d'une large allée centrale. L'air y est vif et sent bon la résine de pin. On s'exerce sérieusement. On sait se servir du fusil Carcano, de la mitraillette Beretta et du fusil-mitrailleur Breda. En tenue de guerre avec le casque italien d'acier modèle 1933, à la forme très moderne, nous avons une allure martiale. Lors d'une inspection en mai 1944 de notre camp et de la troupe, les officiers allemands et italiens notent l'excellente tenue du bataillon.

À la fin de juin 1944, le bataillon Longobardo quitte Canéjan et rejoint l'Italie par voie ferrée. Six jours plus tard, nous arrivons à Venise, toujours sous le commandement du sous-lieutenant Parello, afin d'assurer la défense de la cité avec d'autres unités italiennes.

À la fin de juillet 1944, le bataillon Longobardo devient la 5e compagnie du bataillon Barbarigo de la prestigieuse Decima Mas, qui aligne plusieurs troupes de fusiliers marins (bataillons Lupo, Nuatatori Paracadutisti, Fulmine, Sagitario, Valanga, Freccia et Castagnacci), sans oublier les groupes d'artillerie Colleoni et Da Giussano. Outre ces unités qui forment une division d'infanterie de marine, la Decima Mas compte également huit autres bataillons et cinq compagnies autonomes, sans oublier une trentaine d'engins d'assaut pour la lutte en mer.

On forme ensuite, en août 1944, la 3e compagnie du bataillon Fulmine de la Decima Mas, à Ivrée. Débutent alors de nombreuses opérations contre les partisans communistes italiens et les paras alliés. Durant tout l'été et le début de l'automne 1944, les ratissages se succèdent. Les pertes sont peu importantes, car les partisans et les paras ennemis refusent le combat frontal.

À la fin de l'automne 1944, on stationne à Turin. Le 20 décembre 1944, le bataillon Fulmine est envoyé sur le front de l'Isonzo, à Gorizia, avec la mission de défendre le massif montagneux des Alpes juliennes et les plaines de la Vénétie, menacés par le 9e corps d'armée du général Tito. Ayant chassé de la totalité de son territoire les forces allemandes, Tito ordonne à ses partisans yougoslaves de conquérir Trieste, Gorizia, puis de s'enfoncer en terre italienne jusqu'à Venise. L'annexion de la Vénétie julienne doit être terminée, selon Tito, avant l'arrivée des divisions américaines et britanniques.

Pour parer à une telle éventualité, la Decima Mas est envoyée à la frontière italo-yougoslave, avec d'autres unités italiennes de la RSI. Gorizia est un symbole des glorieux combats de l'armée italienne de la Première Guerre mondiale, au même titre que Verdun en France. En reprenant cette ville aux Autrichiens en 1916, ainsi que les montagnes environnantes en 1917, plus de 600 000 soldats italiens ont été tués ou blessés.

Le 9 janvier 1945, le bataillon Fulmine rejoint Tarnova, à quelques kilomètres au nord-est de Gorizia. Ce hameau est composé de quelques maisons de pierres et de petits bunkers. On nous confie une mission de sacrifice. Le commandement italo-allemand s'attend à une puissante offensive yougoslave dans ce secteur en pointe. Tarnova est un des passages obligés pour atteindre Gorizia. Le bataillon Fulmine doit donc retenir les Yougoslaves durant plusieurs jours, avant l'arrivée de renforts.

Sur un plateau couvert de neige, entouré de sombres forêts et de sévères montagnes, Tarnova se trouve au bout du monde. Pour conquérir Tarnova, Tito engage 2 000 partisans, alors que le bataillon Fulmine ne peut opposer que 214 fusiliers marins ! Une lutte à dix contre un ! De plus, les Yougoslaves disposent d'un armement bien supérieur, avec notamment des mitrailleuses MG42 prises sur les Allemands, des fusils-mitrailleurs Bren et des mitraillettes Sten parachutées par les Alliés, sans oublier des dizaines de mortiers lourds. Nos fusils-mitrailleurs Breda modèle 1930 s'enrayent souvent. On possède cependant six mitrailleuses Breda modèle 1937, armes fiables et précises, trois mortiers de 81 mm, quelques mortiers légers Brixia de 45 mm, un fusil-mitrailleur antichar Solothurn et surtout d'excellentes mitraillettes Beretta modèle 1938. Nous avons deux jours de munitions et de vivres. La neige, le brouillard et une température tombant parfois à – 25 °C aggravent la situation.

La position que je dois tenir est un petit bunker au nord-est de Tarnova, juste en face d'un plateau et d'une colline. Je suis armé d'une mitraillette Beretta. Les bunkers, malgré leur nom rassurant, ne sont en réalité que des cabanes de rondins, semi-enfouies dans le sol, recouvertes de terre et de neige. Il y en a partout autour de Tarnova. Dans ce coin perdu, nous nous sentons abandonnés. Il n'y a plus de café. On touche deux boîtes de conserve allemandes ne contenant qu'une bouillie de flocons d'avoine et autres cochonneries. Le pain se limite à des galettes, guère plus épaisses que deux crêpes et de la taille d'une grande biscotte. Aucun goût. Avec ce froid, cette neige, rien de bon à se mettre sous la dent, pas un seul repas chaud, pas de soupe, pas le moindre bouillon.

Les premières journées sont longues et tristes. Ce haut plateau, toujours balayé par le vent, connu sous le nom de plateau de la Baïnsizza, a vu nos pères se battre farouchement contre les Autrichiens, lors de la 11e offensive de l'Isonzo, où 166 000 soldats italiens et 120 000 soldats ennemis ont été tués ou blessés du 18 août au 15 septembre 1917 ! Notre bataillon, maigre troupe de 214 affamés, est bien seul, perdu au milieu des bois et de l'immense forêt de Tarnova, qui s'étend jusqu'en Yougoslavie.

Le 19 janvier 1945, Tito donne l'ordre à 2 000 partisans de son 9e corps d'armée de s'emparer de Tarnova. Depuis quelques jours, les escarmouches se multiplient. Nous repoussons plusieurs assauts, mais sommes très vite encerclés. Les tirs des mortiers lourds yougoslaves sont permanents. Par chance, avec la neige présente depuis plusieurs jours, certains obus n'explosent pas. On lutte à un contre dix. Le 19, c'est la grande offensive. Les partisans titistes attaquent par centaines, en vagues successives comme les soldats soviétiques, sans relâche, jusqu'à ce qu'ils aient débordé les positions avancées. Je ne cesse de tirer avec ma mitraillette Beretta. Je balance également des grenades. Je tire sans réfléchir, comme un automate, simplement pour sauver ma peau et celle de mes camarades.

On attend calmement que la première vague ennemie d'assaut saute sur les mines, juste avant les barbelés qui protègent mon bunker. Mais les Yougoslaves, taches noires sur la neige, avancent toujours par bonds vers ma position. Il est presque trop tard lorsqu'on nous ordonne d'ouvrir le feu à volonté. Certaines de nos sections sont littéralement écrasées sous le nombre. Avec quelques rescapés, je parviens à rejoindre la position de repli. La première et la seconde compagnies sont presque totalement anéanties. Désormais, le bataillon Fulmine, ou ce qu'il en reste, ne tient plus que quelques maisons. L'artillerie lourde yougoslave commence un tir de destruction. Cela fait un bruit terrible. La terre se met à trembler. Le pilonnage dure depuis trente-six heures. Nous sommes à moitié inconscients, à moitié abrutis. Nous sommes assourdis, les mains et les pieds presque gelés. Le faible espoir des renforts amis s'évanouit peu à peu.

La bataille de Tarnova dure une semaine, avec trois jours de combats terribles. On en vient au corps-à-corps, au poignard et à la baïonnette. Les tentatives de dégager le bataillon Fulmine, effectuées courageusement par les bataillons Sagitario, Valanga, Barbarigo et Nuatatori Paracadutisti à quelques kilomètres de Tarnova, se heurtent à une résistance yougoslave acharnée. La route menant à Tarnova étant truffée de mines, aucun secours ne peut dégager les assiégés. À plusieurs reprises, les Yougoslaves nous proposent une reddition honorable. On refuse, sachant à l'avance que nous serons ensuite massacrés. De plus, pour l'honneur de l'Italie, nous avons décidé de lutter à mort, sans jamais nous rendre.

Durant la nuit du 20 au 21 janvier 1945, on nous annonce qu'il n'y aura pas de renforts et qu'il va falloir percer ! Percer avec quoi ? Combien reste-t-il d'hommes valides ? Avec quelles armes ? Quelles munitions ? Le bataillon Fulmine ne tient plus que six ou sept maisons. Les Yougoslaves attendent qu'on sorte pour nous achever. On repousse de nouveaux assauts. Le 24 janvier 1945, on tente cependant de briser l'encerclement. Les mines, les barbelés et les mitrailleuses des Yougoslaves sont des obstacles qui semblent insurmontables. Un bunker, occupé par les Yougoslaves, bloque notre percée. Le fusilier marin Contini se porte volontaire pour ramper sous le feu ennemi et lancer une grenade à manche allemande, entourée de grenades italiennes, dans la meurtrière du bunker. C'est ainsi que l'on parvient à se replier et à rejoindre les lignes amies, en évitant les mines.

On marche durant des heures, dans le silence de la forêt. Je soulève un pied, puis l'autre, et cela recommence sans cesse, sans le moindre répit. Je ne sens plus rien, ni le froid, ni la fatigue, ni le manque de sommeil. J'avance pas à pas comme un automate. On continue de progresser et quelques soldats allemands, visiblement surpris, nous regardent arriver. On s'en est tirés ! On défile silencieusement en formation de combat, sous le regard admiratif des Allemands qui nous rendent les honneurs militaires. Nous sommes devenus des héros ! Je croise le regard d'un soldat allemand qui contemple la maigre colonne de spectres barbus. Il lève les yeux sur le haut plateau de Tarnova, d'où nous venons. Une lueur d'admiration brille dans ses yeux[50].

Sur 214 fusiliers marins engagés à Tarnova, 86 ont trouvé la mort et 56 ont été blessés : 142 hommes hors de combat au total ! Les pertes yougoslaves s'élèvent à 200 tués et 400 blessés. Grâce à cette résistance héroïque, la ville de Gorizia et toute la Vénétie julienne sont sauvées de l'annexion yougoslave. Le fanion du bataillon Fulmine reçoit la médaille d'argent de la Valeur militaire. Carlo Alfredo Panzarasa est décoré de la croix de la Valeur militaire pour sa bravoure au combat.

50. Entretiens de l'auteur avec Carlo Alfredo Panzarasa en septembre 2011.

À la fin du mois d'avril 1945, à la suite de la capitulation de la République sociale italienne, le bataillon Fulmine se dissout à Schio et se rend à la 88e division d'infanterie américaine, qui lui attribue les honneurs militaires. Ne désirant pas croupir dans un camp de prisonniers, Carlo Alfredo Panzarasa parvient à s'évader avec plusieurs de ses camarades. Il trouve refuge en Lombardie, au sein d'une partie de sa famille. Il accomplit ensuite une brillante carrière, entre la Suisse et l'Italie. Il est décédé en décembre 2016.
J'ai eu l'honneur et le plaisir de rencontrer Carlo Alfredo Panzarasa en septembre 2011, lorsqu'il m'a rendu visite chez moi, à Bordeaux. Il m'a raconté en détail son expérience de la guerre au sein de la Decima Mas.

Ugo Drago, un as de la chasse italienne

Ugo Drago voit le jour à Arborio le 3 mars 1915. Passionné de sport depuis l'enfance, il obtient un diplôme d'éducation physique à Rome et enseigne quelque temps.
Les exploits de l'aviateur Italo Balbo, qui rejoint Rio de Janeiro après un vol de 10 400 kilomètres en 1931 et les États-Unis en 1933 (9 900 kilomètres), font rêver Drago, qui souhaite devenir pilote. Il admire également l'aviateur et écrivain Gabriele d'Annunzio qui, en août 1918, atteint Vienne après un vol de 1 100 kilomètres, de même que les 34 victoires remportées par l'as des as italiens Francesco Baracca durant le premier conflit mondial.
Le 27 juin 1938, Ugo Drago obtient sa licence de pilote civil. En octobre, il est reçu à l'école de l'air de la Regia Aeronautica (aviation militaire italienne) à Caserte, avec le grade de sous-lieutenant pilote. Il poursuit son

entraînement à Capoue, puis à l'école des pilotes de chasse de Castiglione del Lago. Le 19 mars 1939, il obtient son brevet de pilote militaire et, le 16 mai, reçoit sa première affectation à la 363e escadrille du 150e groupe de chasse.

> Après avoir volé précédemment sur des biplans Fiat CR-32, me raconte-t-il, je découvrais le chasseur Fiat biplan CR-42, un appareil très maniable, mais pas assez rapide pour affronter les rivaux étrangers, malgré un armement correct composé de deux mitrailleuses de 12,7 mm. On devait compenser ce handicap de la vitesse par nos qualités de pilotage, ce qui était beaucoup demandé, car nos adversaires étaient également d'excellents pilotes. L'ivresse joyeuse et excitante du danger en plein ciel, la sensation de se surpasser à haute altitude, la beauté inoubliable du paysage, la fraternité et l'esprit de corps au sein de la même escadrille rendaient ma vie comparable à celle d'un chevalier du Moyen Âge. Nous formions une phalange de « chevaliers » pour la plus grande gloire de l'Italie impériale, renouant avec son glorieux passé de l'Antiquité.
>
> Mon escadrille est engagée pour la première fois en juin 1940, lorsque Mussolini déclare la guerre à la France. Personnellement, je suis attristé par cet affrontement contre la « sœur latine ». Les souvenirs de mon père, ancien combattant de la Grande Guerre, luttant aux côtés des poilus français, marquent à jamais mon esprit. J'ai la désagréable sensation de frapper un adversaire déjà à terre, victime des coups portés par

la puissante machine de guerre allemande quelques semaines auparavant. En revanche, je n'ai que mépris pour l'ogre britannique, qui n'a de cesse de vouloir s'imposer en Afrique et en Méditerranée au détriment de l'Italie. On n'a pas oublié que la première puissance coloniale de l'époque, à savoir la Grande-Bretagne, s'est durement opposée à nos actions militaires en Afrique orientale et en Abyssinie, osant même nous donner des leçons anticolonialistes : l'imposture n'a pas de limite.

Nos missions sur le front des Alpes occidentales, en juin 1940, se limitent à escorter les bombardiers qui tentent de détruire des installations militaires françaises à haute altitude. Mon appareil n'offre qu'une protection limitée, avec son espace de pilotage en grande partie à ciel ouvert. Exposé au froid et aux balles, je suis une victime désignée en cas de combat contre la chasse française, récemment équipée du très moderne Dewoitine D-520, volant à une vitesse supérieure de 100 km/h à celle de mon « coucou ». Le canon de 20 mm et les quatre mitrailleuses modernes de 7,5 mm de cet appareil français entièrement métallique surclassent aisément les deux mitrailleuses de 12,7 mm de mon biplan, très faiblement blindé. Même le chasseur français Morane-Saulnier 406, atteignant la vitesse de 485 km/h, et armé d'un canon de 20 mm et de deux mitrailleuses de 7,5 mm, entré en service pourtant un an avant l'avion que je pilote, représente un adversaire redoutable. Il en va de même du Bloch MB 152, autre chasseur français moderne, puissamment armé avec ses deux canons de 20 mm

> et ses deux mitrailleuses de 7,5 mm, pouvant voler jusqu'à 515 km/h. Quant à un affrontement contre la chasse britannique en Méditerranée, mes chances de survie sont également très minces, si j'en juge les remarquables performances des chasseurs Hurricane et Spitfire. Seul le biplan Gloster Gladiator, chasseur anglais légèrement plus lent que mon appareil, représente un adversaire à ma taille[51].

Malgré les faiblesses criantes de son avion de chasse, Ugo Drago reçoit la croix de guerre de la Valeur militaire le 13 juin 1940 pour son comportement au combat, après avoir dispersé une meute de Morane-Saulnier 406 menaçant les bombardiers Savoia-Marchetti SM-79 qu'il devait protéger avec son escadrille.

Le 28 octobre 1940, alors qu'il a déjà accompli 20 missions de guerre, Ugo Drago et son escadrille sont envoyés en Albanie. C'est sur ce théâtre de guerre que le sous-lieutenant Drago remporte, le 2 novembre 1940, sa première victoire aérienne. Ce jour-là, il conduit une section de 12 Fiat CR-42 qui assurent l'escorte d'une dizaine de bombardiers Savoia-Marchetti SM-79 en route vers Thessalonique.

> Au-dessus de Thessalonique, me raconte Ugo Drago, j'aperçois deux chasseurs PZL-24 de l'aviation grecque qui amorcent une approche pour attaquer nos bombardiers. Accompagné de mon ailier, nous attaquons les appareils ennemis. Le combat débute

51. Entretiens de l'auteur avec Ugo Drago en juin 2000.

> à 5 000 mètres et se termine à 2 000 mètres. Mon adversaire est un pilote coriace et habile. Il sait parfaitement utiliser les qualités manœuvrières de son chasseur, qui peut atteindre la vitesse de 430 km/h et dispose d'un puissant armement, composé de deux canons de 20 mm et de deux mitrailleuses de 7,7 mm, puissance de feu bien supérieure à mes deux modestes mitrailleuses. Aussi rapide que mon propre appareil, mon rival dispose donc de la supériorité totale en armement. J'évite, lors de manœuvres tournoyantes, de me trouver sous les tirs de mon adversaire. Je parviens finalement derrière lui et lui assène le coup de grâce, tout comme mon compagnon de chasse : les deux chasseurs grecs vont s'écraser au sol, mais leurs pilotes parviennent à sauter en parachute[52].

Le 14 novembre 1940, l'aérodrome de Koritza, en Albanie, qui se trouve tout proche du front, subit une attaque aérienne en plein jour. Des bombardiers légers Fairey Battle grecs mitraillent à basse altitude. Drago réussit à décoller malgré l'attaque en cours et endommage l'un des bombardiers. Peu après, il est à son tour pris en chasse par cinq PZL-24 grecs, qu'il parvient à semer, malgré leur vitesse similaire. Il doit faire preuve de toutes ses qualités de pilote pour échapper à ce terrible danger en plein ciel. Alors qu'il retourne sur Koritza, il aperçoit deux autres PZL-24 et décide de les mitrailler. S'engage alors un combat tournoyant, dans un premier temps à l'avantage de Drago, qui parvient à endommager l'un des PZL-24.

---

52. *Ibid.*

Touché à son tour, il ne doit son salut qu'à l'intervention d'un second CR-42.
Dans l'après-midi, alors que Drago assure la couverture du terrain d'aviation de Koritza au sein d'un groupe de quatre chasseurs Fiat CR-42 (le sous-lieutenant Trevesi, le sergent Manetti et le sergent Pirchio), cette section intercepte deux PZL-24 :

> Cette intervention de ces deux chasseurs grecs, me raconte Ugo Drago, s'avère un piège et, sitôt notre attaque débutée, une dizaine de PZL-24 interviennent alors depuis une altitude supérieure. Lors de cette bataille aérienne tournoyante, je descends deux adversaires à titre personnel et trois autres en collaboration avec mes collègues. De leurs côtés, les pilotes grecs abattent Trevesi, qui est tué, et Manetti, qui parvient à sauter en parachute en territoire ami, alors que l'appareil de Pirchio est gravement endommagé lors de son atterrissage. Lors de ce combat, je constate une fois de plus la faiblesse militaire de mon chasseur, qui doit s'approcher dangereusement de sa cible pour effectuer un mitraillage réellement efficace, alors que mon adversaire, avec ses deux canons de 20 mm, peut tirer à une plus grande distance de sécurité. Mon Fiat est maniable, mais le PZL-24 est également très bon dans ce domaine. Je retourne à la base nerveusement épuisé après cet affrontement en infériorité numérique criante[53].

53. *Ibid.*

Pour son action courageuse lors de ce combat, il est décoré de la médaille d'argent de la Valeur militaire.
Le 18 décembre 1940, Drago abat un appareil ennemi, un Fairey Battle, qui s'écrase dans la région de Valona, puis le 13 février 1941, le même type d'appareil, lors d'une reconnaissance sur Tepelenë. Ce second appareil tombe en flammes dans la montagne, près d'Argyrokastro. Toutefois, son escadrille est clouée au sol à plusieurs reprises par le mauvais temps, la neige et le froid.
Durant le mois de mars 1941, la 362e escadrille de chasse, où combat Ugo Drago, est enfin équipée d'un avion plus moderne, le Macchi MC-200 Saetta. Entré en service en 1937, sensiblement plus rapide que le Fiat CR-42, avec une vitesse maximale de 500 km/h, son armement reste insuffisant avec seulement deux mitrailleuses de 12,7 mm. Ses missions se limitent à escorter des bombardiers et des avions de reconnaissance. Drago termine l'année avec 150 missions de guerre à son actif depuis le 10 juin 1940. Le 31 décembre 1941, il est promu lieutenant.

> Durant le même temps, à la mi-décembre, me raconte-t-il, mon unité et moi-même sommes transférés en Afrique du Nord. Les missions ne changent guère, à savoir l'escorte des avions allemands et italiens bombardant les positions britanniques en Libye ou en Égypte. J'accomplis également des mitraillages en piqué contre des colonnes motorisées ennemies, m'exposant plusieurs fois aux tirs de la DCA alliée. Mon Macchi MC-200 est alors inférieur en vitesse et en armement à tous

mes rivaux de la chasse alliée, les Hurricane, Spitfire et autres Curtiss P-40. Je me considère alors comme un véritable miraculé du ciel. J'estime qu'envoyer des pilotes italiens aux commandes de ce type d'appareil relève de l'irresponsabilité la plus complète. Même les principaux bombardiers alliés de cette période nous distancent facilement en vitesse[54] !

Pour sa participation à plusieurs opérations aériennes, entre janvier et mars 1942, Drago reçoit une seconde médaille d'argent de la Valeur militaire. Le 7 mars 1942, les Allemands lui attribuent la croix de fer de seconde classe. Il rentre en Italie le 10 novembre 1942, après avoir accompli 124 missions de guerre supplémentaires.

Le 1er janvier 1943, je prends le commandement de la 363e escadrille de chasse et participe à la bataille aérienne de Sicile de mai à juillet 1943. La totalité de mon unité est alors équipée de chasseurs allemands Messerschmitt 109G. C'est un appareil remarquable, atteignant la vitesse maximale de 620 km/h et disposant d'un canon de 30 mm et de deux mitrailleuses de 13 mm. Cela n'a plus rien à voir avec nos vétustes Macchi MC-200. Nous sommes désormais en mesure d'affronter à égalité la chasse alliée. En revanche, notre infériorité numérique ne laisse peser aucun doute sur l'issue des combats : 165 avions italiens contre 3 200 appareils alliés ! Je dois cacher à mes hommes cette dramatique réalité,

54. *Ibid.*

mais ils ne vont pas tarder à se rendre compte de cette situation catastrophique lors des prochains combats.

Le 9 juin 1943, j'affronte un adversaire redoutable, un Spitfire Mark XII qui vole au large de l'île de Pantelleria. Cet appareil de dernière génération atteint la vitesse de 632 km/h et aligne un puissant armement, avec deux canons de 20 mm et deux mitrailleuses de 7,7 mm. Après un duel périlleux, je parviens à descendre mon adversaire. Plus tard dans la journée, j'affronte avec mon escadrille une force aérienne trois fois plus nombreuse. J'abats un second Spitfire, puis je suis touché à mon tour et dois sauter en parachute. Je suis ensuite récupéré en pleine mer par des pêcheurs de Pantelleria, qui me sortent de l'eau. Je ne suis pas l'unique victime italienne, puisque les pilotes Veronesi et Craffia sont également sauvés dans les mêmes conditions. Nous retournons ensuite à Palerme, en Sicile, à bord d'un bombardier Savoia-Marchetti SM-81 quelques heures seulement avant la reddition de l'île de Pantelleria. Nous devons ensuite quitter la Sicile en juillet 1943, en laissant derrière nous les appareils non opérationnels.

Après une tentative infructueuse pour mettre sur pied une section de chasse au sein de la 363ᵉ escadrille, l'armistice est signé entre l'Italie et les Alliés le 8 septembre 1943. Durant les jours confus qui suivent, après m'être assuré du sort de mes hommes, je tente de regagner ma ville natale, mais je suis arrêté par les Allemands à Ferrare et envoyé au camp de concentration de Bologne. Comme je refuse de rejoindre la Luftwaffe, on m'envoie dans un camp de prisonniers en Allemagne avec de nombreux soldats italiens. Je parviens cependant à m'échapper, en sautant du train juste avant de passer la frontière. Ce n'est qu'après avoir entendu à la radio l'appel du colonel d'aviation Botto à reprendre le combat aux côtés des Allemands que je me présente spontanément aux autorités militaires de la République sociale, fondée par Mussolini dans le nord du pays. Je suis alors promu commandant de la 1re escadrille du 2e groupe de chasse de l'aviation nationale républicaine. À la tête de cette formation, de mai 1944 à avril 1945, je réalise 81 missions de guerre, participe à 33 combats aériens et revendique 11 nouvelles victoires aériennes.

Mon unité est la première à être équipée du nouveau chasseur Fiat G-55 Centauro, le meilleur avion italien du conflit, construit seulement à 108 exemplaires, volant à 620 km/h, et armé de trois canons de 20 mm et de deux mitrailleuses de 12,7 mm[55].

Sa grande capacité de commandement n'est plus à démontrer : son unité ne perd que deux pilotes et multiplie les victoires aériennes, contre un ennemi pourtant nettement supérieur en nombre. Ses qualités d'officier sont d'ailleurs récompensées par sa promotion au grade de capitaine le 7 novembre 1944 et par son attribution de

55. *Ibid.*

la croix de fer allemande de première classe le 6 avril 1945. Du 24 juin 1944 au 23 mars 1945, Ugo Drago abat quatre chasseurs Thunderbolt P-47, deux chasseurs Mustang P-51, quatre bombardiers B-24 et B25, un chasseur Lightning P-38.

> Au soir du 16 novembre 1944, me raconte Ugo Drago, je conduis un groupe de huit chasseurs italiens dans les environs d'Aviano. En l'air, je remarque la présence de plusieurs groupes de bombardiers américains B-17, escortés par de très nombreux chasseurs Mustang P-51 (vitesse maximale de 703 km/h et armement de six mitrailleuses de 12,7 mm), qui reviennent d'un raid sur l'Allemagne. Une demi-heure après le décollage, à une altitude de 24 000 pieds, nous interceptons les B-17, toujours escortés par les Mustang. Le combat s'engage aussitôt entre les deux camps. Je parviens à abattre un Mustang. Le combat se termine dix minutes plus tard alors que la nuit est tombée. Nous n'accusons aucune perte dans nos rangs.
>
> Le 1er février 1945, les escadrilles italiennes sont renumérotées pour se conformer au système allemand alors en vigueur. L'unité dont j'assume le commandement devient ainsi la 4e escadrille.
>
> Le 3 mars 1945, à 10 h 30, je décolle depuis Aviano avec 21 autres appareils de mon groupe de chasse pour intercepter une centaine de bombardiers alliés Marauder, qui doivent attaquer Conegliano.

> La protection est assurée par le double de Spitfire. Nous allons donc affronter 300 appareils ennemis avec seulement 22 chasseurs dans nos rangs ! Nous apercevons l'imposante formation ennemie à 10 h 41, près de Pordenone. Très vite, sous nos mitraillages, la formation alliée éclate en plusieurs groupes, entraînant également la dispersion dans nos rangs. Le combat devient confus et, au-dessus de l'Adriatique, une section conduite sous mes ordres s'attaque à un groupe de six bombardiers, dont deux sont descendus par nos tirs. À 10 h 56, nous devons abandonner le combat et rentrer à la base. L'ensemble de notre groupe revendique ce jour-là la destruction de six Marauder et d'un Spitfire. On déplore de notre côté la perte de deux chasseurs[56].

Le 26 avril 1945, l'unité de chasse de Drago est dissoute, à la suite de la décision de Mussolini de mettre fin à la guerre contre les Alliés. Ugo Drago termine la guerre avec 21 victoires aériennes, ce qui fait de lui l'un des as de la chasse italienne de la Seconde Guerre mondiale. Ses victimes sont six chasseurs PZL-24, un chasseur Gloster Gladiator, un bombardier Fairey Battle, deux chasseurs Spitfire, quatre chasseurs Thunderbolt P-47, deux chasseurs Mustang P-51, quatre bombardiers B-24 et B25, un chasseur Lightning P-38. Il totalise 385 missions de guerre, ainsi que les décorations militaires suivantes : quatre médailles d'argent de la Valeur militaire, deux

56. *Ibid.*

croix de guerre, la croix de fer allemande de première classe et celle de seconde classe.
Après la guerre, Ugo Drago émigre en Argentine et devient instructeur de vol au sein de l'armée de l'air de ce pays. En 1953, il retourne en Italie et intègre la compagnie aérienne civile Alitalia en tant que capitaine. En 1967, il remporte un record de vitesse lors d'un vol Rome – New York, aux commandes d'un Douglas DC-8, en 6 heures et 21 minutes. Il pilote ensuite des Boeing 747 jusqu'à sa retraite. Il est décédé à Rome le 22 avril 2007.

Alessandro Tosca, chasseur alpin
Alessandro Tosca voit le jour à Turin le 29 mars 1919. Passionné de montagne, il s'engage dans les troupes alpines italiennes à la veille de la Seconde Guerre mondiale. Il rejoint un bataillon d'*alpini* (chasseurs alpins italiens) lors de la bataille des Alpes contre l'armée française en juin 1940.

> Tous les *alpini* de mon bataillon condamnaient cette guerre contre la « sœur latine », me raconte-t-il avec émotion. D'autant que la France se trouvait à terre à ce moment-là, prête à demander l'armistice à l'Allemagne. Cependant, nous avons accompli notre devoir en attaquant en montagne les positions fortifiées françaises. Malgré de lourdes pertes, nous parvenons à contourner les principales défenses pour progresser en territoire français lorsque l'armistice entre l'Italie et la France est signé, mettant fin ainsi aux hostilités.

Je participe ensuite, au sein de la division alpine Julia, à l'invasion de la Grèce en octobre 1940. Par le territoire albanais, nous franchissons la frontière, sous un temps épouvantable. La neige et la pluie transforment les sentiers montagneux en bourbier. Il fait froid et les soldats grecs sont trois fois plus nombreux que nous. C'est une pure hérésie tactique que d'attaquer dans des conditions aussi défavorables. Il nous faut franchir une barrière montagneuse culminant en certains endroits à 2 700 mètres d'altitude. Après une incroyable progression de 40 kilomètres en territoire ennemi, nous subissons finalement une contre-attaque grecque. Les combats sont acharnés. Nous risquons l'encerclement. Grâce au sacrifice de plusieurs bataillons de ma division, nous parvenons à nous extraire de ce piège mortel. Il nous faut désormais battre en retraite pour nous rétablir sur une position défendable en Albanie. Nous avons perdu 50 % de nos effectifs initiaux. Nous parvenons cependant à contenir les assauts enragés des Grecs. Puis, nous nous reformons à l'arrière avec de nouveaux effectifs. Finalement, en avril 1941, nous lançons une puissante offensive sur toute la ligne de front. Nous revenons à la frontière et nous nous apprêtons à envahir la Grèce, à la faire capituler. L'armée allemande, intervenue à nos côtés en avril, semble s'arroger la victoire. C'est oublier que nous avons affronté 16 divisions grecques, alors que les Allemands en ont combattu seulement cinq. Nous étions par ailleurs en infériorité

> numérique d'octobre 1940 à février 1941. Il faudra attendre mars 1941 pour que les forces en présence s'équilibrent.
>
> Blessé lors d'un exercice en montagne, je ne participe pas à la campagne de Russie, où la division alpine Julia lutte avec bravoure durant le terrible hiver 1942-1943. Avec l'ensemble du corps alpin italien, composé de trois divisions, la Julia parvient à s'extraire de l'encerclement soviétique, après une retraite de 400 kilomètres dans la neige, sous – 40 °C, contre des forces ennemies très supérieures en nombre et en matériel. C'est la division alpine Tridentina qui ouvre le chemin de la liberté en parvenant à enfoncer les lignes russes, après une terrible bataille. Le corps alpin italien déplore toutefois des pertes considérables[57].

Les drapeaux des divisions alpines Tridentina, Julia et Cuneense reçoivent la médaille d'or de la Valeur militaire. Du Don à Nikolajewka, les *alpini* ont enfoncé à 11 reprises les positions soviétiques. La division Tridentina a perdu sur le front russe 9 790 soldats (60 % de ses effectifs), la division Cuneense 13 470 soldats (80 % de ses effectifs). La division Julia, partie pour la Russie avec 16 000 hommes, reviendra en Italie avec seulement 3 200 survivants ! Sur les 230 000 soldats italiens envoyés sur le front russe, 114 500 sont mis hors de combat (tués, blessés, portés disparus). Une véritable hécatombe !

---

57. Entretiens de l'auteur avec Alessandro Tosca en mai 2000.

L'armistice signé par l'Italie avec les Alliés, en septembre 1943, rend ma situation militaire incroyablement compliquée, poursuit Alessandro Tosca. Que faire ? Le nord et le centre de l'Italie sont occupés par les forces allemandes, alors que le sud de la péninsule l'est par les Alliés, où le front se fige dans les montagnes au sud de Rome. Pour ne pas croupir dans un camp de prisonniers italiens en Allemagne, je décide de rejoindre la division alpine italienne Monterosa, forte de 17 000 hommes, une des quatre divisions italiennes poursuivant la lutte contre les Alliés, avec la division des bersaglieri Italia, la division des grenadiers Littorio et la division de fusiliers marins San Marco. Toutes ces divisions, avec d'autres unités italiennes, opposent une résistance acharnée aux Alliés jusqu'en avril 1945.

En décembre 1944, sur le front de Garfagnana, au nord de la Toscane, nous faisons subir un véritable revers à l'armée américaine. La division alpine Monterosa du général Mario Carli, limitée alors à 9 100 hommes (l'autre partie des hommes combattant contre les Français dans les Alpes occidentales), lance une puissante offensive contre la 92e division américaine d'infanterie (18 000 hommes) du général Edward Almond. En plein hiver et dans la neige, en zone montagneuse, nous accomplissons une percée en profondeur dans les lignes américaines. Nous sommes finalement stoppés par le mauvais temps et le manque de ravitaillement. À l'issue de cette bataille totalement méconnue, nos pertes s'élèvent

> à un millier d'*alpini* hors de combat (tués ou blessés), alors que les Américains déplorent 2 000 soldats hors de combat, dont 250 prisonniers. Avec ma section, nous avons contourné un poste américain pour le prendre à revers. Après un bref échange de tirs, les Américains se sont rendus, grelottant de froid depuis plusieurs jours, peu habitués à un hiver aussi rude. Ce fut mon moment de gloire. Nous, les *alpini* de la fière division Monterosa, avons mis en déroute une puissante division américaine, qui comptait pourtant le double de nos effectifs[58].

Alessandro Tosca termine la guerre en avril 1945, après la reddition des forces armées italiennes luttant aux côtés des Allemands. Il parvient à rejoindre sa famille sans être fait prisonnier par les Alliés ou abattu par les partisans italiens. Il trouve un travail dans le tourisme en montagne, fonde une famille et décède le 16 avril 2005.

---

58. *Ibid.*

15.
ALAIN LORMIER, UN ENFANT DE LA LIBÉRATION

Mon père, Alain Lormier, voit le jour le 18 juin 1936, à Sissonne, dans l'Aisne. Son propre père, Lucien Lormier, est ingénieur EDF, occupant un poste de directeur adjoint au sein d'une usine hydroélectrique à Voyenne ; sa mère, née Lucette Berne, est originaire de Nancy.
En septembre 1939, mon grand-père est mobilisé dans l'armée de l'air, chargé de la maintenance d'un radar antiaérien de provenance britannique, se trouvant sur une base militaire en région parisienne. C'est une mission importante pour protéger Paris des attaques aériennes allemandes, que Lucien Lormier a la lourde tâche d'accomplir avec son équipe.

Grâce à ce radar, me raconte Lucien Lormier, nous avons longtemps préservé Paris des bombes allemandes. Nous pouvions repérer l'arrivée des avions allemands et prévenir ainsi la chasse française proche, qui pouvait intercepter en plein ciel les intrus. J'ai vu décoller nos divers chasseurs monoplaces, Morane-Saulnier 406, Curtiss H-75, Bloch MB 152, et surtout les excellents Dewoitine D-520 capables de rivaliser avec les Messerschmitt BF109. Pour les combats de nuit, nous avions le Potez 631, un chasseur biplace[59].

À partir du 10 juin 1940, les troupes militaires allemandes menacent directement la capitale française. Le général d'aviation d'Astier de La Vigerie charge mon grand-père de sauver le précieux radar de la capture. Avec son équipe, armée de vieux fusils Lebel de 1914-1918, Lucien Lormier parvient à le cacher en lieu sûr, dans la région de Montpellier. Cette retraite se déroule dans les pires conditions, au milieu des civils fuyant l'invasion, sous les bombes et les mitraillages de l'aviation allemande. Le convoi est stoppé un temps sur la Loire, mais finalement trouve un pont intact. Si ce radar était tombé entre les mains des Allemands, l'offensive aérienne allemande durant la bataille d'Angleterre, en septembre-décembre 1940, en aurait été facilitée. En effet, à cette époque, la Luftwaffe manque cruellement de ce matériel pour vaincre la Royal Air Force. Lucien Lormier et son équipe ont donc contribué à la victoire aérienne des Britanniques.
Démobilisé en juillet 1940, Lucien Lormier retrouve la direction de l'usine hydroélectrique de Voyenne, dans l'Aisne, en zone occupée par l'armée allemande. Mon père, Alain Lormier, un temps hébergé avec sa mère chez

59. Entretiens de l'auteur avec Lucien Lormier en septembre 1985.

les grands-parents paternels à Dordives, dans le Loiret, retrouve le foyer familial peu après. Il m'a raconté en détail ses souvenirs d'enfant de la Libération :

En septembre 1944, j'ai assisté à la piteuse retraite des troupes allemandes, traversant Voyenne, talonnées par l'armée américaine. Je voyais passer les soldats allemands à vélo, à bord de véhicules divers, voire à pied. Ils étaient fourbus de fatigue. Un puissant char Tigre a soudainement occupé la place du village, en vue de défendre cette localité. Des soldats américains sont arrivés peu après, près du village. Mon père, notable local et qui avait caché des résistants et des juifs durant l'Occupation, leur a indiqué la présence de ce monstre d'acier. J'ai vu deux soldats américains prendre à revers le Tigre et le mettre hors de combat à l'aide d'un tir de bazooka dans le moteur. Les tankistes allemands se sont rendus sur-le-champ. Longtemps le Tigre est resté sur place, on s'amusait à faire tourner la tourelle. Heureusement, les munitions avaient été retirées. Après le départ de ces premiers Américains, mon père a été prévenu de la présence d'un soldat allemand, caché dans une maison. Il avait à peine 18 ans et tremblait de peur d'être fusillé par la Résistance. Devant mon père, venu sans arme, il s'est rendu immédiatement en lui donnant son fusil. Il a ensuite été pris en charge par une patrouille américaine. Il a remercié mon père de lui avoir restitué son harmonica, qui lui avait été un temps confisqué par les Américains venus s'installer dans les environs.

La présence des Américains a été pour nous un grand soulagement, mettant fin à une occupation allemande sévère, avec les rationnements en tous genres, les représailles possibles contre la population[60].

Devenu adulte, mon père accomplit une brillante carrière d'ingénieur au Commissariat à l'énergie atomique (CEA), dans le secteur militaire, offrant à la France son indépendance nationale sur le plan de sa défense, selon la volonté du général de Gaulle. Il est décédé en mai 2021. Mon grand-oncle maternel, le commandant Prosper-Albert Dorison, a combattu dans les Forces aériennes françaises libres (FAFL), au sein du groupe Lorraine, équipé de bombardiers alliés.

60. Entretiens de l'auteur avec Alain Lormier en mai 2020.

16.
JACQUES CARPENTIER, TANKISTE FRANÇAIS DE LA DIVISION LECLERC

Jacques Carpentier, né le 8 juin 1922 à Paris, assiste impuissant à la défaite militaire de la France en juin 1940. Trop jeune pour être mobilisé à ce moment-là, il veut poursuivre la lutte aux côtés du général de Gaulle, dont il écoute clandestinement les messages avec ses parents sur les ondes de Radio Londres. Sa famille, installée à Bordeaux depuis 1934, occupe un appartement donnant sur le port. Devant les difficultés croissantes de ravitaillement, les Carpentier se réfugient dans le Béarn, à Oloron-Sainte-Marie, en zone « libre », où la vie est plus facile. Le père de famille occupe un poste administratif à la mairie, tout en liant des contacts avec la résistance locale.

Au début de 1943, bien que la zone « libre » soit occupée par les Allemands, Jacques Carpentier, avec l'aide d'un réseau d'évasion en lien avec son père, parvient à franchir les Pyrénées. Un temps incarcéré dans une sinistre prison espagnole du régime franquiste, il est finalement libéré et peut rejoindre le Maroc, où la 2e division blindée (DB) du général Leclerc de Hauteclocque se trouve en formation en août 1943. Il y suit un entraînement intensif. Sportif accompli, il se plie facilement à la discipline militaire.

> En avril 1944, nous rejoignons la Grande-Bretagne à bord de nombreux navires, me raconte Jacques Carpentier. J'avais travaillé avant mon évasion par les Pyrénées dans un garage automobile. Ma connaissance de la mécanique m'ouvre les portes d'une unité de chars Sherman de la division Leclerc. Cette division comprend des Français libres de la première heure, des évadés de France comme moi, des soldats de l'armée d'Afrique ainsi que des républicains espagnols.
>
> La 2e DB aligne trois régiments de chars, un régiment de reconnaissance, un régiment d'infanterie, un régiment de chasseurs de chars, trois groupes d'artillerie, un bataillon du génie, un groupe de DCA et divers services complémentaires. L'ensemble repose sur 17 000 hommes, 4 000 véhicules, dont 130 blindés légers ou automitrailleuses, 153 chars de combat Sherman M4, 44 chars Destroyer M10.
>
> Après un nouvel entraînement en terre anglaise, nous débarquons enfin en Normandie, à Utah Beach, le 1er août 1944. Dès mon arrivée sur la plage, je saute

de mon char pour embrasser le sable humide de mon pays enfin retrouvé. L'émotion est intense chez nous tous. Nous versons quelques larmes. On doit atteindre Alençon, puis Argentan, afin de contribuer à la victoire en Normandie avec les Américains par la fermeture de la poche de Falaise. Nous prenons les Alliés de vitesse, libérons plusieurs localités, enfonçons des positions allemandes. Dans la forêt d'Écouves, après de durs combats, nous capturons 3 000 soldats ennemis et détruisons un régiment blindé. Leclerc est un maître du combat interarmes, sachant parfaitement utiliser la complémentarité des chars, de l'infanterie motorisée et de l'artillerie portée. En dix jours de combats intenses, nous subissons cependant de lourdes pertes avec un millier de soldats hors de combat (tués, blessés ou disparus), et 75 blindés détruits ou endommagés.

Mon char Sherman de 32 tonnes est armé d'un canon de 75 mm, souvent impuissant à longue distance contre l'épais blindage des Panther et des Tigre. Il faut sacrifier plusieurs Sherman pour détruire de flanc d'aussi puissants adversaires. Heureusement, les chasseurs de chars M10, avec un canon long de 76 mm, sont en mesure de percer à distance tous les blindages adverses. Mon Sherman est cependant plus rapide et plus mobile que les principaux tanks lourds allemands, compensant ainsi la faiblesse de son armement. Certains de nos Sherman reçoivent des canons longs de 76 mm pouvant rivaliser avec les blindés adverses, même les plus lourds.

L'accueil de la population française est euphorique, très fière de découvrir des soldats français victorieux des nazis. Dans toutes les localités traversées, nous sommes accueillis comme des héros.

Le 21 août 1944, le général de Gaulle est prévenu qu'une insurrection vient de se lever dans Paris, à l'initiative de la résistance locale, forte de 15 000 hommes, dont seulement un quart disposant d'une arme. La garnison allemande peut compter sur 18 000 soldats, 60 canons et 75 blindés. De Gaulle insiste auprès des Américains pour que la capitale, risquant la destruction complète, soit libérée au plus vite par la 2e DB française. Notre division !

Sur l'intervention directe du général de Gaulle, le général américain Eisenhower accepte que Paris soit libéré par les troupes françaises du général Leclerc. Le 22 août 1944, on reçoit l'ordre de foncer sur Paris. La 2e division blindée (DB) s'ébranle au petit matin du 23 août, avec ses 200 blindés, 4 000 véhicules et 16 000 hommes. On progresse en deux groupements. Le premier par Rambouillet, Le Petit-Clamart, Sèvres, le second en direction d'Arpajon et de la Croix-de-Berny par la nationale 20. Nous sommes soutenus à l'est par la 4e division américaine d'infanterie (DI). On livre de furieux combats le long de la nationale 20, en se heurtant à des puissants canons de 88 mm. On déplore de lourdes pertes : plus de 300 tués, blessés ou disparus, une quarantaine de chars et une centaine de véhicules détruits ou endommagés. Mais la percée est accomplie avec succès, avec la capture de plus d'un millier de soldats allemands et la destruction d'un important matériel militaire.

Le 24 août 1944, la nouvelle tant attendue arrive enfin : la 2ᵉ division blindée (DB) du général Leclerc va faire son entrée dans la capitale. Le capitaine Dronne rejoint le centre-ville, en compagnie de trois chars Sherman, d'une quinzaine de blindés, de deux camions et de 150 hommes, dont des républicains espagnols ayant rejoint la France libre. À 20 h 45, cette puissante colonne passe la porte d'Italie, franchit la Seine par le pont d'Austerlitz et longe les quais. Sur son passage, la foule crie sa joie et sa fierté. À 21 h 22, Dronne est accueilli à l'Hôtel de Ville par la Résistance, qui entonne une *Marseillaise* étranglée de larmes. J'arrive à Paris avec mon Sherman dans la matinée du 25 août. Moment inoubliable. Je retrouve la ville m'ayant vu naître. La foule est en liesse, malgré les combats qui se poursuivent tout proches. On obtient à l'hôtel Meurice la reddition du général von Choltitz (commandant allemand en titre de la place de Paris), suivie de la capitulation des différents points d'appui, Sénat, École militaire, quartier des Affaires étrangères… Près de la place de la Concorde, la bataille de chars se termine par la destruction de blindés allemands, à laquelle je participe. J'y vois notamment des chars français capturés par les Allemands en 1940. Ils nous reviennent comme une revanche. Le lendemain,

> le général de Gaulle effectue une descente triomphale des Champs-Élysées, sous les acclamations de la foule[61].

Les combats pour la libération de Paris ont été meurtriers : la Résistance déplore 900 tués et 1 500 blessés, la 2e division blindée (DB) du général Leclerc dénombre 28 officiers et 600 sous-officiers et soldats tués ou blessés. Les Allemands déplorent 3 200 tués et 14 500 prisonniers.

> Après la libération de Paris, poursuit Jacques Carpentier, on intègre le 15e corps d'armée américain, couvrant le flanc sud de la 3e armée américaine du général Patton. Cette opération militaire est coordonnée avec la remontée de l'armée du général de Lattre de Tassigny, après son débarquement en Provence en août 1944. On s'empare de Contrexéville le 11 septembre 1944 et, le 12, de Vittel, où on libère 3 000 ressortissants britanniques et américains internés là depuis 1940. Le même jour, la jonction avec le général de Lattre de Tassigny se réalise à Montbard[62].

Entre le 12 et le 14 septembre 1944, dans la vallée de la Gitte, entre Damas et Dompaire, une terrible bataille oppose des éléments avancés de la 2e DB française, dont un groupe de combat du commandant Massu et

61. Entretiens de l'auteur avec Jacques Carpentier en juin 2004.
62. *Ibid.*

le régiment blindé de fusiliers marins (RBFM) avec ses chars Destroyer M10, à la 112e panzerbrigade, forte de 120 chars Panther et Panzer IV, qui est chargée de faire reculer les troupes alliées.
Repérée dès le 12 septembre par l'aviation alliée, la 112e panzerbrigade prend position dans la vallée et s'offre ainsi maladroitement aux coups de la division Leclerc, postée en embuscade et soutenue par cinq attaques au sol de chasseurs bombardiers américains Thunderbolt P-47. Cette retentissante victoire française permet aux équipages des chasseurs de chars M10 du RBFM et aux Sherman du groupement Massu de prouver une nouvelle fois leur valeur au général Leclerc : 59 Panther et 16 Panzer IV sont détruits, contre seulement six blindés français. L'artillerie motorisée de la 2e DB, avec ses canons automoteurs M7 Priest de 105 mm, a également joué un rôle important dans cette défaite allemande.
Le 15 septembre 1944, la Moselle est franchie par le sous-groupement du commandant de La Horie (GTV) à Châtel où, dès le lendemain, il repousse une contre-attaque allemande.

> À Dompaire, me rapporte Jacques Carpentier, j'ai vu les corps affreusement mutilés des jeunes tankistes allemands, des gamins envoyés à l'abattoir pour la gloire d'un dictateur fanatique et sans pitié. Leclerc, Massu et Mijonnet ont fait preuve d'une grande habileté tactique lors de la bataille de Dompaire, car les Panther allemands, mieux utilisés, auraient pu nous causer de très lourdes pertes.

> Pendant que l'armée du général de Lattre de Tassigny mène de durs combats dans les Vosges, je participe au sein de la 2e DB à une offensive en direction de Phalsbourg et de Saverne à la mi-novembre 1944. On s'empare de Saverne le 22. Puis, divisés en cinq groupements tactiques, nous fonçons en direction de Strasbourg par des chemins forestiers difficiles, mais mal surveillés par l'ennemi. La capitale de l'Alsace est atteinte le 23 novembre et entièrement libérée deux jours plus tard. Quelle fierté ! Quelle émotion ! Nous avons tenu le serment de Koufra de 1941, en Libye, de libérer Strasbourg[63].

Dans son ordre du jour n° 73, le général Leclerc déclare aux soldats de sa division : « En cinq jours, vous avez traversé les Vosges malgré les défenses ennemies et libéré Strasbourg. Le serment de Koufra est tenu ! Vous avez infligé à l'ennemi des pertes très sévères, fait plus de 9 000 prisonniers, détruit un matériel innombrable et désorganisé le dispositif allemand. Enfin et surtout, vous avez chassé l'envahisseur de la capitale de l'Alsace, rendant ainsi à la France et à son armée son prestige d'hier[64]. »

Cependant, la poche allemande de Colmar tient toujours. Du 20 janvier au 9 février 1945, la 1re armée française, la division Leclerc et deux divisions américaines livrent de terribles combats pour sa réduction. Les troupes allemandes de la 19e armée concentrent quatre divisions

63. *Ibid.*
64. Archives militaires françaises, Vincennes.

d'infanterie, trois divisions de grenadiers et la 2e division de montagne, arrivant spécialement de Finlande. Il fait – 20 °C, le vent souffle fort et il y a un mètre de neige. La résistance allemande est acharnée. Les Français souffrent de la faiblesse du matériel, notamment des blindés. Le char Sherman est surclassé par les Tigre, les Panther et autres Jagdpanther.

L'Alsace partage avec la Normandie le triste privilège d'être la province française la plus touchée par les combats, avec plus d'une vingtaine de villages entièrement détruits. La poche de Colmar est finalement réduite et la ville libérée le 2 février 1945 par les troupes françaises. Les Allemands se retirent de l'autre côté du Rhin par le pont de Chalampé. La conquête de la poche de Colmar coûte 13 400 tués ou blessés aux troupes françaises engagées, quand les Allemands déplorent 15 000 tués et 20 000 prisonniers.

> Durant cette terrible bataille de la poche de Colmar, nous avons lutté dans les pires conditions climatiques. J'ai été blessé à la tête par un éclat d'obus alors que je me trouvais dehors pour mieux guider mon équipage. J'avais eu la présence d'esprit de me coiffer d'un casque d'acier américain, qui m'a sauvé la vie. Soigné dans un hôpital militaire proche, je ne participe pas aux combats de la poche de Royan en avril 1945, où la 2e DB est engagée. D'autant que je souffre de multiples gelures aux pieds. Je suis ensuite en mesure de reprendre le combat pour participer à l'offensive finale en Allemagne.

Nous atteignons le cœur de la Souabe allemande, à la moyenne de près de 300 kilomètres par jour. Le 2 mai 1945, nous franchissons le Lech au sud d'Augsbourg, atteignons l'Isar puis l'Inn, franchie le 3 au matin. L'ennemi réagit par la destruction systématique des ponts. Parfois, un blindé et quelques fantassins allemands résistent. Un engagement rapide vient finalement grossir le flot des prisonniers allemands.

La position fortifiée allemande, la fameuse Alpenstellung, est abordée sans résistance. La déroute du IIIe Reich est générale dans toute la région. Les civils sortent des drapeaux blancs. De nombreux généraux et cadres du régime hitlérien se rendent. Au milieu d'un peuple vaincu, qui devient plat et servile, circulent les martyrs de cette guerre : prisonniers en uniforme de toutes les nationalités alliées, déportés aux cheveux ras, à la silhouette décharnée, aux yeux hagards, rescapés des camps nazis.

On fonce à toute allure sur l'autostrade qui conduit à Berchtesgaden, là où Hitler invitait les dignitaires nazis et les personnalités étrangères. Au franchissement de la Sallach, le pont est coupé et la gorge étroite défendue par deux compagnies allemandes d'infanterie, soutenues par des pièces de 88 mm. Notre artillerie motorisée arrive à temps pour appuyer l'assaut et, le 4 mai au soir, le génie lance un pont.

> Le 5 mai 1945, vers 15 heures, nous atteignons le village de Berchtesgaden, déjà occupé par des troupes de la 3e division américaine, ayant roulé à toute vitesse sur une route parallèle. Dépassés par les événements, ou pris de panique, les soldats nazis ont renoncé à défendre le repaire de leur Führer. Les casernes de Berchtesgaden sont pleines de troupes rassemblées pour une reddition finale.
>
> À l'origine, Berchtesgaden est une petite station de montagne. Le repaire d'Hitler se trouve à 1 800 mètres d'altitude, sur le sommet rocheux de l'Obersalzberg. Une petite ville, le Platterhof, a été construite autour de sa propre villa, le Berghof. On y découvre des maisons pour ses gardes et ses acolytes, une caserne de SS, un hôpital, un hôtel pour les invités, des garages. Le Berghof est en partie détruit par un bombardement aérien. Arrivé peu après, le général Leclerc peut contempler les ruines d'un symbole d'un Reich qui devait durer mille ans[65].

Le lendemain, 6 mai 1945, une patrouille de la 2e DB, après neuf heures de marche dans la neige et les éboulis, hisse les couleurs françaises sur le sommet du Kehlstein. C'est le cœur même de l'Allemagne, une forteresse qui aurait dû constituer le dernier réduit de la puissance nazie, que la 2e DB atteint la première pour y planter le drapeau national.

---

65. Entretiens de l'auteur avec Jacques Carpentier en juin et août 2004.

> Je me souviens de ce moment inoubliable. Le ciel était bleu, sans aucun nuage, les montagnes magnifiques. Il y régnait enfin la paix et la sérénité après de longues et terribles années de guerre. Nous étions tous fiers de nous trouver en Allemagne en vainqueurs, nous les soldats français de la division Leclerc. La revanche de 1940 se terminait en triomphe pour nous[66].

Démobilisé en 1946, Jacques Carpentier retrouve rapidement du travail dans l'automobile, se marie, devient père de trois enfants, réside en région bordelaise. J'ai eu l'occasion de le rencontrer chez lui, en juin 2004. Il m'a raconté avec passion sa guerre, m'a montré ses souvenirs militaires. Il est décédé le 15 avril 2014.

66. *Ibid.*

17.
PIERRE CAZENAVE, COMBATTANT DE LA BRIGADE CARNOT

Pierre Cazenave voit le jour le 16 juin 1919 à Talence, en Gironde. Il grandit dans une famille d'enseignants, aux côtés de trois sœurs. Passionné par l'armée, il s'engage, à la veille de la Seconde Guerre mondiale, au sein du 57e régiment d'infanterie, encaserné à Bordeaux et ses environs. Son régiment intègre la 36e division d'infanterie, qui rejoint rapidement le nord-est de la France, en septembre 1939.

J'ai connu ce que l'on a appelé la « drôle de guerre », aux avant-postes entre la ligne Maginot et la ligne Siegfried, me raconte-t-il. Il faisait un froid de canard, avec des températures atteignant durant l'hiver – 20 °C, voire plus en Moselle. La 36e division d'infanterie reposait uniquement sur des soldats venus du Sud-Ouest, des Pyrénées à la Charente, de Toulouse à Bordeaux.

Il régnait une ambiance chaleureuse, avec un encadrement militaire de qualité, composé en grande partie d'officiers et de sous-officiers ayant participé activement à la guerre de 1914-1918. Nous étions correctement équipés en armement, avec l'excellent fusil-mitrailleur modèle 1924-1929, dont j'étais un excellent tireur, sans vouloir me vanter. L'arme, tirant 500 coups à la minute des cartouches de 7,5 mm, était fiable, robuste et précise. J'avais avec moi un pourvoyeur chargé de me passer les chargeurs, originaire de Mont-de-Marsan, Jacques Lamothe, un rugbyman.

Coups de main, embuscades et patrouilles aguerrissent le régiment, notamment dans le bois de Perl. Le 25 octobre 1939, nous repoussons une violente attaque ennemie près du village d'Apach. Le 15 janvier 1940, la division occupe la région d'Aumetz, face au Luxembourg. Le thermomètre descend jusqu'à – 26 °C en février. Le pain et le vin sont gelés.

Le 10 mai 1940, l'armée allemande passe à l'offensive, avec l'invasion des Pays-Bas et de la Belgique. Après un temps au repos à l'arrière, on monte de nouveau en première ligne le 14 mai, croisant sur la route les civils fuyant les combats, avec des véhicules hétéroclites, comme des chars à bœufs, des brouettes, des voitures et des bicyclettes. On a pour mission de défendre les ponts de l'Aisne. Puis, nous devons nous porter le 16 mai sur le canal des Ardennes, afin de tenir le front Attigny – Le Chesne.

Le secteur de Voncq, que nous devons défendre, se trouve en pleine verdure, avec des bois majestueux coupés de vastes clairières.

La 36e division d'infanterie, forte de 17 500 soldats, doit tenir un front de 20 kilomètres de large, contre trois divisions allemandes d'infanterie alignant un total de 54 000 soldats. Nous luttons donc à un contre trois. Malgré l'écrasante supériorité numérique de l'adversaire, nous repoussons du 9 au 11 juin 1940 leur offensive, faisant 700 prisonniers, sans oublier 1 100 soldats ennemis tués ou blessés. Nos pertes sont lourdes également, avec 30 % des effectifs hors de combat. Mais nous sommes vainqueurs. Nous devons cependant abandonner le terrain du fait de la percée plus à l'ouest des Allemands, dans un autre secteur que le nôtre. La rage au cœur, la retraite commence afin d'éviter l'encerclement. Je parviens avec les soldats de ma compagnie à m'extraire de cette situation dramatique. L'armistice est signé le 22 juin 1940 et je retrouve ma famille en juillet, qui s'est réfugiée à Pau, dans le Béarn, depuis une quinzaine de jours, afin d'éviter l'occupation allemande à Bordeaux.

J'intègre alors le 18e régiment d'infanterie de l'armée d'armistice, encaserné à Pau. En novembre 1942, la zone libre est envahie par les Allemands, mon régiment doit se dissoudre. Mais les cadres rejoignent la Résistance, au sein du corps franc Pommiès, que je décide également d'intégrer. Au sein du corps franc Pommiès, je rejoins en 1943 la brigade Carnot, commandée par le colonel Jean de Milleret, un aristocrate fin et cultivé, âgé à l'époque d'une trentaine d'années, qui s'est déjà distingué par son courage en mai-juin 1940, blessé au combat à la tête d'un régiment de tirailleurs sénégalais. La brigade Carnot, à l'effectif réel d'un bataillon, est étalée en plusieurs maquis, des Landes aux Pyrénées. Durant l'été 1944, je participe à divers sabotages et embuscades contre les forces allemandes. Nous subissons de lourdes pertes lors du combat de Portet, en juillet, mais nous sommes vainqueurs le 21 août au pont de Batz, près de Mont-de-Marsan, où nous repoussons, avec d'autres maquis locaux, une importante colonne allemande. À la fin d'août 1944, les garnisons allemandes fuient le Sud-Ouest. Nous remontons en direction de Bordeaux, à travers le département des Landes. Nous avons quelques escarmouches avec des colonnes allemandes en retraite, capturons quelques canons abandonnés par l'ennemi.

Au début de septembre 1944, la brigade Carnot a la lourde mission de tenir le front du Médoc, où une garnison allemande de 4 000 soldats s'est retranchée au sud et au nord de Soulac, avec plus d'une centaine de pièces d'artillerie et près de 300 bunkers : une véritable forteresse ! Nous tenons un front d'une vingtaine de kilomètres de large, avec un armement léger, dans des tranchées creusées dans le sable et des abris en bois. La brigade Carnot intègre des maquis venus de tout le Sud-Ouest et aligne rapidement plus de 10 000 hommes, équipés le plus souvent d'uniformes français de 1940, de casques français Adrian modèle 1915 ou 1926, d'armes légères françaises, britanniques ou américaines. Nous faisons pâle figure contre une garnison allemande alignant des canons de gros calibre. Nous sommes cependant renforcés, durant l'hiver 1944-1945, en artillerie. De septembre 1944 à mars 1945, nous menons une difficile guerre de position, contre un ennemi mieux armé et fortement retranché derrière d'importants champs de mines et des barbelés. Le secteur de ce front oublié de la Libération est typique de la côte girondine, avec ses forêts de pins, ses dunes et ses zones inondées.

L'hiver 1944-1945 est marqué par d'importantes chutes de température, allant jusqu'à – 15 °C dans le Médoc, un record, sans oublier des chutes de neige. Nous grelottons dans nos maigres abris en bois ou dans les tranchées creusées dans le sable. Nous accomplissons des patrouilles, essuyons des tirs d'artillerie, tendons des embuscades, livrons quelques escarmouches.

Au début d'avril 1945, l'offensive pour libérer le Médoc de toute présence allemande se prépare. Nous recevons des renforts, dont le 13e régiment de dragons équipé des chars Somua S35, rescapés de la campagne de mai-juin 1940. Nous sommes également soutenus par la marine et l'aviation. Cette offensive doit débuter en même temps que celle visant la libération de Royan, de l'autre côté de l'estuaire de la Gironde. Nous sommes encouragés par nos chefs. Le 14 avril 1945, l'offensive démarre enfin, avec au préalable un bombardement naval et aérien des défenses allemandes, sans oublier les tirs de notre artillerie. Puis, nous passons à l'assaut. Nous nous heurtons très vite à une résistance acharnée de la garnison allemande. Il nous faut détruire les bunkers à la grenade et au fusil, au milieu d'une zone truffée de mines. Les premiers jours sont incertains, nos pertes sont lourdes. Les chars Somua S35 viennent nous appuyer et favorisent notre progression. Nous livrons de durs combats dans Soulac. Je vois tomber de nombreux camarades. Nous faisons de nombreux prisonniers. Au nord de Soulac, nous nous heurtons à la position allemande principale de résistance, allant jusqu'au Verdon. L'aviation française doit de nouveau intervenir par des bombardements intensifs. Mais les Allemands, particulièrement les fusiliers marins du bataillon Narvik, opposent toujours une résistance féroce. Il faut de nouveau anéantir chaque bunker à la grenade, au fusil ou à la mitraillette. Finalement, les derniers officiers et soldats allemands se rendent le 20 avril 1945. Sur les 13 000 hommes de notre brigade, nous déplorons 1 400 tués ou blessés. Les Allemands comptent un millier de tués et environ 3 000 prisonniers, que nous regroupons sous bonne escorte.

Nous, les maquisards du Sud-Ouest, venus des Pyrénées, des Landes, de la Gironde, du Lot, du Lot-et-Garonne, du Gers et d'ailleurs, avons vaincu une garnison allemande retranchée dans près de

300 bunkers. Nous venons de livrer un des derniers combats sur le sol français. Le général de Gaulle vient nous féliciter en personne le 22 avril 1945, ainsi que le général de Larminat. Nous défilons ensuite triomphalement dans Bordeaux le 26 avril, devant une foule admirative de notre courage. La guerre se termine enfin par la défaite des nazis en mai 1945[67].

Pierre Cazenave poursuit une carrière dans l'armée, participe à la guerre d'Indochine, puis à celle d'Algérie, prend sa retraite à la fin des années 1970. Il s'est marié avec une Bordelaise en 1949, a eu deux filles et un garçon. Il est décédé en mars 2010 à un âge avancé. Lors de nos rencontres, il m'a raconté avec passion sa guerre contre les Allemands, tout en me montrant divers objets de cette époque, dont son casque Adrian modèle 1926, qu'il a porté de 1939 à 1945.

67. Entretiens de l'auteur avec Pierre Cazenave d'avril à juin 2002.

18.
PHILIPPE JOURDAN, RÉSISTANT ET CHASSEUR ALPIN

Philippe Jourdan voit le jour à Grenoble le 5 mars 1924. Il est jugé trop jeune pour s'engager dans les troupes alpines en 1939, malgré son insistance et sa passion pour les sports de montagne. Son père, Alphonse, guide de montagne, a participé à la Première Guerre mondiale au sein des chasseurs alpins, où il a été blessé dans les Vosges. En janvier 1944, ne tenant plus en place, après plusieurs tentatives avortées pour intégrer les Forces françaises libres ou l'armée d'Afrique, Philippe Jourdan rejoint, grâce aux connaissances clandestines de son père, le maquis des Glières, qui compte 450 hommes, dont 56 républicains espagnols.
Les forces ennemies (régime de Vichy et troupes allemandes chargées d'encercler le maquis des Glières) alignent 1 125 gendarmes, 906 gardes mobiles, 790 GMR

(groupes mobiles de réserve[68]), 700 miliciens, soit 3 251 hommes au total, que 4 000 soldats allemands de la 157e division de montagne et d'autres unités viennent soutenir, soit 7 521 combattants au total. Les 1 125 gendarmes, jugés proches des résistants par les Allemands, ne participent pas directement à l'action, si bien que les forces réellement engagées contre le maquis des Glières se montent à 6 396 hommes.
Pourchassés par les forces vichystes en Haute-Savoie, de nombreux résistants de l'Armée secrète se regroupent donc sur le plateau des Glières, sous les ordres d'anciens officiers et sous-officiers du 27e bataillon de chasseurs alpins d'Annecy. Ils sont rejoints par deux groupes de francs-tireurs partisans (FTP), par des républicains espagnols et des réfractaires du STO (Service du travail obligatoire).

> Je parviens à déjouer l'encerclement annoncé du plateau des Glières par les Allemands et les forces vichystes, en janvier 1944, grâce à ma connaissance parfaite de la région, à la suite des nombreuses randonnées accomplies avec mon père, montagnard chevronné, me raconte Philippe Jourdan. Le 5 février 1944, l'encerclement est sur le point d'aboutir. Je sais utiliser une arme, allant souvent à la chasse avec mon paternel. Il a de plus conservé un fusil Lebel que j'ai emporté avec moi. Je parviens à éviter les patrouilles ennemies. Je fais la connaissance du chef

68. Les GMR ont été créés en 1941 par le gouvernement de Vichy (N.d.E).

charismatique du maquis des Glières, le lieutenant Tom Morel, officier des chasseurs alpins, qui s'est distingué contre les troupes alpines italiennes en juin 1940. C'est un homme d'un charisme incroyable, admiré de ses hommes. Il règne au sein de ce maquis une extraordinaire fraternité d'armes, liée à l'esprit de corps des montagnards. Il n'y a pas d'animosité malgré les divergences politiques. On pense surtout à chasser les Allemands de France.

Le 12 février 1944, nous repoussons facilement une attaque des forces vichystes. Au début de mars, on réceptionne trois parachutages d'armes légères. Dans la nuit du 9 au 10 mars, nous lançons une opération commando, avec environ 150 hommes, contre le poste de commandement du GMR Aquitaine, cantonné à Entremont, au pied du plateau des Glières. L'opération semble un succès total, une soixantaine de GMR sont désarmés par surprise, mais Tom Morel est tué par le commandant Lefèbvre, chef du GMR, sortant de sa poche un petit revolver. Ce collabo avait pourtant donné sa parole d'officier de ne pas résister. Il est aussitôt abattu par mes camarades de combat, témoins de son acte infâme, indigne d'un officier français. Le capitaine Maurice Anjot, adjoint du capitaine Clair, chef de l'Armée secrète en Haute-Savoie, assure la suite des opérations.

Le 12 mars 1944, devant les échecs répétés des forces vichystes, le commandement allemand prend en main les opérations, avec quatre bataillons de chasseurs de montagne de la 157e division du général Karl Pflaum. L'aviation allemande bombarde plusieurs chalets, tandis que la Milice française lance de nouveaux assauts, qui sont tous repoussés.

Je découvre ainsi la guerre en montagne, éprouvante et fascinante à la fois. Je suis un excellent tireur. Avec mon fusil Lebel, parfaitement entretenu, je fais des cartons contre l'ennemi. J'ai la haine des collabos et des boches. Les bombes des avions ennemis ont peu d'effet sur la neige.

Le dimanche 26 mars 1944, trois bataillons allemands de chasseurs de montagne de la 157e division, ainsi que les miliciens et les GMR, doivent nous anéantir une fois pour toutes. L'aviation allemande bombarde une dizaine de chalets sans grands résultats, tandis que la Milice échoue encore dans ses assauts au col de l'Enclave. Le commandement allemand envoie deux sections à l'attaque, afin de se faire une idée exacte de notre dispositif défensif. Nous repoussons la première section allemande depuis les rochers de Lavouillon. Les balles sifflent de tous côtés. Les grenades éclatent un peu partout dans les sapins des environs. Coiffé du casque Adrian de mon père, je tire sans distinction sur les cibles humaines qui se déplacent devant moi. Cependant, une autre section allemande parvient à tourner un de nos avant-postes dans le secteur de Monthiévret. L'ennemi, dix fois plus nombreux, avec un armement lourd, rend toute résistance prolongée impossible. Le capitaine Anjot, estimant l'honneur sauf, ordonne la dispersion du maquis des Glières à 22 heures. La traque débute le lendemain. Avec un groupe de dix camarades de combat, nous parvenons à déjouer les patrouilles adverses, grâce à une connaissance parfaite du secteur. Nous faisons ainsi partie des 310 rescapés du combat des Glières, tandis que 140 des nôtres sont capturés et massacrés par les nazis ou les miliciens.

Les forces vichystes déplorent une vingtaine de tués, le double de blessés, sans oublier une dizaine de soldats allemands tués ou blessés. On a raconté des balivernes sur les pertes allemandes. En réalité, elles ont été moins importantes que les élucubrations avancées par certains. Cependant, cet affrontement à un contre dix connaît un retentissement dans le cadre de la guerre des ondes radiophoniques, faisant rage entre les collabos de Vichy et les Français libres de Londres. Radio Paris passe sous silence l'intervention décisive des Allemands et glorifie la prétendue « victoire » des forces vichystes contre « un ramassis de lâches terroristes étrangers à la solde des juifs et des communistes ». À l'opposé, Maurice Schumann déclare à la BBC le 6 avril 1944 que « les héros des Glières ont ramené Bir Hakeim en France ». Il ne faut pas exagérer. Cependant, ce combat en montagne persuade les Alliés que la Résistance

> peut livrer une bataille contre des forces adverses dix fois plus nombreuses. Ainsi, nous recevons par la suite une aide accrue en parachutages d'armes. D'ailleurs, la résistance de Haute-Savoie libère seule le département le 19 août 1944, tout en capturant 3 500 soldats allemands. Je participe à de nombreux sabotages et à diverses embuscades. La guérilla mobile s'avère plus efficace qu'une bataille frontale contre un ennemi plus nombreux et mieux armé[69].

La bataille des Glières de l'hiver 1944 a cependant fixé d'importantes forces allemandes durant plusieurs jours : quatre bataillons de chasseurs de montagne de la 157e division, sans oublier un bataillon du 19e régiment SS de police et deux compagnies du 958e groupe antiaérien motorisé : preuves de l'importance de cet affrontement.
Après la libération du sud-est de la France en août et septembre 1944, le front des Alpes occidentales, à la frontière franco-italienne, s'étend sur un front montagneux de 400 kilomètres, où les forces de l'Axe alignent la 5e division de *gebirgsjägers* (chasseurs allemands de montagne), la 34e division d'infanterie, la division alpine italienne Monterosa, la division de grenadiers italiens Littorio et le régiment parachutiste italien Folgore.
Au début, les Alliés engagent des unités de la 2e division d'infanterie marocaine, de la 4e division marocaine de montagne, du 1er groupement américain tactique temporaire, sans oublier la 1re division alpine FFI, placée sous les ordres du colonel Vallette d'Osia, ainsi qu'un

69. Entretiens de l'auteur avec Philippe Jourdan en mai 2004.

groupement FFI chargé de défendre le département des Alpes-Maritimes. Après la visite du général de Gaulle à Grenoble, en novembre 1944, la 1re division alpine FFI devient la 27e division alpine, alignant la 5e demi-brigade de chasseurs alpins de Savoie, la 7e demi-brigade du Dauphiné et le 159e régiment d'infanterie alpine (Jura, Ardèche, Drôme). Le 99e régiment d'infanterie alpine n'est pas endivisionné. Dans les Alpes-Maritimes, le dispositif est également remanié sous la forme de trois bataillons alpins et d'un bataillon étranger. Côté américain, la 44e brigade antiaérienne succède au 1er groupement tactique temporaire.

> Après la libération de la Haute-Savoie, poursuit Philippe Jourdan, j'intègre la 27e division alpine en novembre 1944. Nous recevons un équipement provenant en partie des stocks cachés de l'armée française d'armistice. Nous ne sommes plus des maquisards, mais des soldats de la nouvelle armée française de libération. J'ai entre les mains un fusil MAS modèle 1936, une excellente arme, tirant des cartouches de 7,5 mm. Nous engageons une difficile guerre en montagne contre des adversaires coriaces et chevronnés, aussi bien allemands qu'italiens. Côté français, nous sommes tous issus de la région des Alpes, avons tous l'expérience de la vie en montagne. Beaucoup ont combattu dans les maquis de la région, ou en juin 1940 contre les Italiens. Nous formons de solides bouchons sur les grands axes de pénétration. On surveille également les voies d'accès au moyen de bons observatoires, occupés en permanence.

Nous accomplissons de nombreuses patrouilles, devons parfois escalader des sommets, hisser des mortiers sur les hauteurs. À chaque instant, l'adversaire peut se heurter à nos patrouilles, susceptibles d'être soutenues par les tirs de nos mortiers ou l'action d'autres patrouilles. Beaucoup plus économique en effectifs, ce dispositif présente l'avantage de former la meilleure école d'alpinisme où les unités d'infanterie viennent s'instruire, s'aguerrir, et acquérir la résistance, l'audace et l'initiative à bref délai. Très rapidement, ce système porte ses fruits. L'adversaire hésite à s'aventurer dans nos lignes. En revanche, nos patrouilles sont de plus en plus mordantes et audacieuses.

Cette guerre en montagne nécessite un effort surhumain pour triompher des difficultés topographiques et climatiques, afin d'établir des positions sur les sommets, de les ravitailler par des sentiers escarpés, de les disputer par des assauts acrobatiques, où s'illustrent chasseurs alpins français, *gebirgsjägers* allemands et *alpini* italiens, tous d'excellents combattants. Nous devons franchir une formidable barrière rocheuse, couronnée de glace et séparée par des vallées qui s'ouvrent entre des murs à pic, sans routes faciles, où la bourrasque éclate souvent à l'improviste. Certains sommets dépassent 3 500 mètres d'altitude et la température tombe parfois à – 40 °C durant les nuits d'hiver. Nous formons des sections d'éclaireurs-skieurs, qui patrouillent sur les plateaux et les sommets, et pratiquent embuscades et coups de main.

Parfois, la marche d'approche s'avère si pénible sur les pentes neigeuses que nous arrivons, près du sommet à conquérir, totalement épuisés. Il nous faut alors reculer sous les tirs des armes lourdes allemandes et italiennes. Les combats se déroulent de 1 500 à 3 000 mètres d'altitude. Il nous arrive de lutter sur une couche de deux mètres de neige couvrant les positions. Les nuits sont glaciales, l'hiver 1944-1945 est particulièrement rigoureux. Nous vivons dans de petites cabanes, des refuges, des chalets ou des igloos, pénétrés parfois par l'humidité. Le ravitaillement se fait souvent à dos d'homme, après des ascensions épuisantes dc plusieurs heures.

Nous menons des assauts frontaux, comme celui de mon bataillon, le glorieux 13e bataillon de chasseurs alpins, contre la position escarpée du roc Noir, le 31 mars 1945. Nous gagnons notre position de départ avec un mélange d'appréhension et d'euphorie, arrivons dans les tranchées bouleversées, tandis qu'un bombardement d'artillerie s'abat sur les positions ennemies, juste en face de nous. Cela dure une bonne demi-heure et l'ordre d'assaut arrive enfin. Je vérifie le bon remplissage de mes cartouchières. Tête baissée et casquée, nous partons pour la plus grande aventure, celle de la vie ou de la mort. On s'élance, on trébuche dans les trous de neige, puis on continue d'avancer, tandis qu'un essaim de projectiles se disperse dans l'air, autour de nous, au-dessus de nous, à droite, à gauche. De temps à autre, la silhouette d'un camarade s'écroule.

> Brusquement, on se retrouve dans une tranchée, celle de l'ennemi. S'engage alors un corps-à-corps. On tue à courte distance, à la baïonnette ou au fusil. On balance quelques grenades dans les abris, on tire sur des ombres qui courent. On bute sur des corps étendus. Nous sommes vainqueurs, l'ennemi est en fuite. On ramasse les morts et les blessés. Cela remue les tripes. Le calme revient peu à peu. On se rend compte brusquement qu'il fait froid[70].

Les troupes françaises engagées sur ce front montagneux prennent le nom de détachement d'armées des Alpes, à compter du 1er mars 1945. Le général Doyen, rappelé d'activité, en prend le commandement et aligne les unités suivantes : la 27e division alpine, commandée depuis le 10 janvier 1945 par le général Molle, le 99e régiment d'infanterie alpine, renforcé de deux bataillons FFI et du 5e régiment de dragons, la 44e brigade d'infanterie américaine, le 3e régiment d'infanterie alpine, un bataillon étranger. La 1re division française libre (général Garbay) vient renforcer ce dispositif à la fin d'avril 1945. On compte au total près de 40 000 hommes.

En face, on trouve toujours les mêmes divisions de l'Axe (deux allemandes et deux italiennes), soutenues par le régiment parachutiste italien Folgore, formant un ensemble d'environ 40 000 soldats, soit des forces équivalentes dans les deux camps.

---

70. *Ibid.* Lire également : Henri Béraud, *Bataille des Alpes. Album mémorial (juin 1940-1944/45)*, Heimdal, 1987.

L'offensive française du printemps, ayant débuté dès la fin de mars 1945 en Tarentaise, se poursuit tout le mois d'avril en Maurienne, à l'Authion et en Ubaye. Une série d'observatoires et de positions, jugés souvent imprenables, tombent entre les mains des Français, après des assauts acrobatiques. À la fin d'avril 1945, débute la retraite des troupes allemandes et italiennes. Le 2 mai 1945, les soldats français occupent victorieusement plusieurs vallées italiennes. En certains endroits, ils ont progressé de plus de 60 kilomètres en territoire italien. La guerre prend fin par une indéniable victoire française dans les Alpes.

Après la guerre, Philippe Jourdan décide de faire carrière dans l'armée. Il se marie, fonde une famille, a trois enfants, prend sa retraite à la fin des années 1970. Il décède le 8 avril 2014, entouré de ses proches, l'âme en paix.

19.

HENRI FENET, UN FRANÇAIS DANS LA WAFFEN-SS

Henri Fenet est né le 11 juin 1919 à Ceyzériat, dans l'Ain. Après des études de lettres à Henri-IV, à Paris, il décide finalement de s'engager dans l'armée, lorsque débute la Seconde Guerre mondiale. Après un bref passage à l'école militaire de Saint-Cyr, le voici aspirant à la 3e division d'infanterie coloniale (DIC), avec un certain François Mitterrand, futur président de la République française. Fasciné par l'univers militaire, Fenet est un nationaliste convaincu, très anticommuniste. La 3e DIC passe la drôle de guerre dans le secteur de Montmédy, au nord-ouest de la ligne Maginot. Fenet se distingue en menant des opérations commandos contre les postes avancés allemands. Il ne tient pas en place, a besoin d'action pour maintenir son moral, alors que d'autres préfèrent passer le temps au fond d'une tranchée ou d'un abri.

Le 10 mai 1940, l'armée allemande passe à l'offensive. La 3e DIC livre de durs combats dans le secteur de Dun-sur-Meuse durant plusieurs semaines, contre des forces ennemies trois fois plus importantes. À la tête d'un corps franc, Fenet se distingue de nouveau par son audace et son courage. C'est un véritable guerrier qui aime se battre en première ligne. Il mène plusieurs contre-attaques permettant de capturer des dizaines de soldats allemands. Sous le poids du nombre, la 3e DIC doit cependant se replier au début de juin au nord de Verdun, un lieu hautement symbolique de la résistance héroïque des poilus de la Grande Guerre.

Après les terribles combats de mai 1940, la 3e DIC est réduite à deux régiments d'infanterie. Fenet et ses hommes se trouvent dans les tranchées et les trous d'obus de la guerre 1914-1918, sur la cote 340, le Mort-Homme et à Regnéville. La 3e DIC lutte contre trois divisions d'infanterie (36e, 299e et 76e DI), à savoir 6 000 coloniaux français opposés à 45 000 fantassins allemands ! Malgré cette disproportion des forces en présence, la 3e DIC repousse tous les assauts du 9 au 14 juin 1940, contre-attaque même à la baïonnette. Les Allemands déplorent un millier de soldats hors de combat (tués ou blessés) contre 800 Français. Mitterrand, sergent, est blessé lors de ces terribles combats, rappelant l'intensité de ceux de Verdun en 1916. De son côté, Henri Fenet lutte également comme un lion sur ce terrain vivement disputé. Deux fois blessé, il est décoré de la croix de guerre 1939-1945. La 3e DIC est pratiquement anéantie en forêt d'Argonne. Fenet échappe de justesse à la capture. Il rejoint les lignes françaises au moment de l'armistice du 22 juin 1940, après une difficile

retraite menée dans les pires conditions, sous les bombes et les mitraillages des avions allemands.
Henri Fenet est alors un homme en colère, humilié par la défaite, alors qu'il s'est vaillamment battu à la tête de sa division, qui n'a pas démérité. Contrairement à une légende tenace, l'armée française s'est battue avec courage en mai-juin 1940. Fenet accuse alors la IIIe République d'être responsable de la défaite de la France, d'avoir mal préparé le pays à la guerre contre l'Allemagne. Devant Verdun, il avait lutté contre des forces allemandes nettement plus nombreuses. Il voit alors dans le maréchal Pétain et le régime de Vichy la solution pour redresser la France. De plus, son anticommunisme viscéral le porte à collaborer avec les Allemands pour lutter contre l'armée soviétique, dans une croisade antibolchévique. Il voit en Hitler et le nazisme le meilleur bouclier pour empêcher un déferlement des divisions de Staline en Europe. L'occupation allemande de la France ne lui pose pas de problèmes de conscience. Il voit désormais les soldats allemands, qu'il a pourtant combattus en 1940, comme des protecteurs contre la « peste rouge ». Pour ces raisons, il rejoint à l'automne 1942 le Service d'ordre légionnaire, puis la Milice française, dont il devient le chef départemental de l'Ain, aux ordres de Joseph Darnand, héroïque combattant de 1914-1918 et de 1939-1940. Pour les mêmes raisons, ce dernier est devenu un collaborateur notoire, après avoir hésité à rejoindre le général de Gaulle à Londres.
En octobre 1943, à la demande de Darnand, Fenet devient un des cadres de la brigade Waffen-SS française. Après être passé par Sennheim, puis Bad Tölz, l'école des élèves officiers de la Waffen-SS, il est nommé au grade

de lieutenant. En août 1944, il combat en Galicie avec le 1er bataillon, dont il commande la 3e compagnie. Blessé, il est décoré de la croix de fer de deuxième classe. Soigné dans un hôpital, il rejoint la division Charlemagne, en formation à Wildflecken, où il prend le commandement du 1er bataillon du 57e régiment d'infanterie. Les Waffen-SS français sont ensuite envoyés en Poméranie, en février-mars 1945, pour tenter de contenir l'offensive soviétique. Sans matériel lourd, ils doivent se replier, après une résistance acharnée contre un adversaire cent fois plus nombreux et mieux armé. Fenet est décoré de la croix de fer de première classe et promu au grade de capitaine pour sa vaillance au front.

Au début de mars 1945, la division Charlemagne est réorganisée après ses terribles pertes en Poméranie. Fenet prend le commandement du 1er bataillon. À la fin de mars, un millier de survivants de la division Charlemagne sont regroupés près de Neustrelitz, dans le Mecklembourg. À l'appel du général Krukenberg, commandant allemand de la Charlemagne, plus de 600 des Waffen-SS français se portent volontaires pour lutter jusqu'au bout, mais seulement 300 d'entre eux, commandés par le capitaine Henri Fenet, peuvent s'embarquer dans les neuf camions que Krukenberg parvient à réunir pour les conduire à Berlin, afin de livrer l'ultime bataille. Deux camions s'égarent, si bien que seulement 200 à 250 Waffen-SS français rejoignent la capitale du IIIe Reich. Ils intègrent la division Waffen-SS Nordland, formée de Danois, de Norvégiens, de Suédois, de Suisses et même de quelques Britanniques. Le général Krukenberg en prend le commandement.

Le 24 avril 1945, nous atteignons Berlin dans la nuit noire, très tard, par la route de l'Ouest, la dernière sur laquelle lentement se referme l'étau soviétique, me raconte Henri Fenet. Au grondement sourd de l'artillerie russe se mêle désormais le crépitement des mitrailleuses tout près de nous. Nous marchons durant deux heures, depuis qu'un pont, sautant presque sous nos pieds, nous contraint à abandonner nos camions. Harassés, nous marchons comme des automates, sous l'effet de la fatigue. Nous marchons, obsédés par la volonté d'arriver à temps dans la capitale du Reich.

Le lendemain, le 25 avril 1945, après une interminable attente, nous embarquons dans des camions en direction de Tempelhof. Nos camions roulent dans la ville que nous saluons en chantant. Les Berlinois nous acclament de leurs fenêtres, sur les trottoirs, sur le pas des portes, et nous sentons les larmes nous monter aux yeux. Des groupes de civils se forment dans les rues, aux carrefours, en dépit des bombardements, et nous font des ovations auxquelles nous répondons chaleureusement. Mes hommes, galvanisés par l'appel du combat et par les acclamations de la foule, chantent et crient leur enthousiasme.

Après quelques heures de sommeil, nous prenons position dans une ville en grande partie détruite par les bombardements. Des blindés doivent nous appuyer : un Tigre II de près de 70 tonnes armé d'un canon de 88 mm, des Panther de 46 tonnes armés chacun d'un canon de 75 mm et des canons d'assaut Sturmgeschütz de 24 tonnes, armés chacun d'une pièce de 75 mm. Le 26, nous lançons une contre-attaque, progressons facilement au début, sautant ou rampant à travers les ruines. Une salve d'artillerie soviétique massacre une section, on déplore quinze morts, étendus ou recroquevillés, inertes, sur le trottoir et la chaussée.

Malgré la résistance acharnée des rouges, nous progressons et pouvons établir un bilan positif : une trentaine de chars, une dizaine de canons antichars détruits et de nombreux morts ou blessés chez les rouges. Grâce au soutien de nos blindés, nos pertes ne sont pas très élevées, bien que souvent il faille nettoyer maison après maison à la grenade et à la baïonnette. Les Russes sont partout. Il faut faire front de tous les côtés.

Après de furieux corps-à-corps, les rouges, qui tentaient de nous prendre à revers, sont anéantis ou s'enfuient. Ils tentent alors un assaut frontal, sans économiser leurs moyens en chars et en artillerie. La plus grande partie de la bagarre a lieu à l'intérieur des pâtés de maisons. Soudain, une colonne de chars soviétiques T-34 arrive imprudemment en file. Nous les prenons de flanc et en détruisons un grand nombre avec nos *Panzerfausts*. Nos blindés lourds font également un carnage dans les rangs de l'ennemi.

Au fur et à mesure de l'après-midi, notre situation devient cependant plus critique. Nous ne pouvons faire face et tenir notre centre de résistance que grâce au courage et au dynamisme extraordinaires de nos gars. Nous sommes complètement seuls en avant des lignes. Les rouges s'acharnent à nous attaquer de front ou de côté avec leurs chars, soutenus par plusieurs centaines d'hommes ; peine perdue : les tanks sont détruits et les fantassins sont mitraillés. On doit cependant se replier sur la Hermannplatz, pour éviter l'encerclement.

Sur la Hermannplatz, la défense s'organise derrière des barricades de pavés. Il est temps : les T-34 sont tenus en respect à une centaine de mètres à peine et, quelques minutes après notre arrivée, toutes les artères à l'est de la place sont entre les mains de l'ennemi. Les *Sturmgeschütz* restent près de nous et font un véritable massacre de chars rouges. À minuit, sous le poids du nombre, luttant à un contre cent, nous devons de nouveau décrocher.

Le poste de commandement (PC) s'installe à l'Opéra. Finalement, l'Opéra est pris sous un déluge d'artillerie. Il faut partir avant que tout ne s'écroule sur nos têtes. Nous passons, à travers les bombardements, au Schauspielhaus, puis au métro Stadtmitte, où l'on retrouve le reste du bataillon. C'est alors la remise de croix de fer sur le quai du métro, dans l'allégresse générale. Les hommes m'entourent, bourrent mes poches de bonbons, de chocolats, de cigarettes qu'on vient de leur distribuer. C'est la fête : tout le monde chante.

Le lendemain, le bataillon est de nouveau engagé : les unes après les autres, les sections sont dirigées vers la place Belle-Alliance pour barrer l'accès de la Chancellerie par la Wilhelmstrasse et la Friedrichstrasse. On accède au PC avancé du bataillon par Kochstrasse. Bilan de cette nouvelle journée : une dizaine de chars ennemis détruits aux *Panzerfausts* et de nombreuses attaques d'infanterie repoussées avec force pertes pour les rouges. Pourtant, nous sommes réduits strictement à nos propres forces : plus un char, pas un canon antichar, pas un mortier, plus une seule grenade à fusil. Il ne nous reste que des *Panzerfausts*, les fusils d'assaut et quelques mitrailleuses MG42, pas beaucoup. En revanche, les rouges, devant nous, ont des chars en quantité : plus on en détruit, plus il en arrive. Ils ont encore des canons de divers calibres, toute une meute de mortiers lourds, les pires ennemis du fantassin en campagne, sans parler de leur formidable artillerie.

À l'aube du 28 avril 1945, les chars russes se déchaînent à nouveau. Quelques *Panzerfausts* bien placés, et la première vague est stoppée assez facilement, car les chars se suivent à grande distance, ce qui nous laisse le temps de les voir venir et de les ajuster. Bien entendu, après l'échec de cette première tentative, nous sommes soumis à un pilonnage en règle : les canons et les chars tirent de plein fouet sur les maisons où ils ont décelé notre présence. La bataille va atteindre son point culminant et s'y maintiendra jusqu'à la fin. Jusqu'aux dernières heures, nous allons vivre dans une sarabande infernale, pilonnés sans arrêt par les mortiers, l'artillerie et les chars, harcelés par l'infanterie. Cependant, nous repoussons encore plusieurs assauts de l'ennemi.

Plus notre résistance se durcit, plus le feu ennemi s'acharne sur nous. Dans l'immeuble, qui est devenu le point d'appui principal, nous nous attendons à chaque instant à voir les murs s'écrouler sur nos têtes. La façade s'est complètement lézardée, et à chaque impact on sent l'immeuble vaciller. Nous ne sommes qu'à quelques centaines de mètres de la Chancellerie ! Nous croyant sans doute morts, les rouges lancent une nouvelle fois leurs chars à l'assaut, mais cette fois sans préparation d'artillerie. Cruelle déception, nous sommes toujours vivants ! Bilan : deux chars détruits, un troisième endommagé. On doit cependant évacuer l'immeuble, qui menace à tout instant de s'écrouler.

Salués au passage par quelques rafales et quelques grenades, nous parvenons quand même à battre en retraite et à traverser le champ de ruines qui nous sépare de nos nouvelles positions. Dans le nouveau quartier, seulement une maison sur trois reste debout. À notre tour, nous attaquons, au milieu des ruines, en nous plaçant hors du champ de tir des chars et des canons. L'infanterie soviétique qui s'infiltrait dans les ruines est chassée et neutralisée mais, faute d'un soutien en armes lourdes, nos pertes sont élevées.

Pendant que mes fantassins se battent furieusement, une attaque massive de chars se déclenche. Cette fois, les rouges ont compris leur erreur : désormais, leurs chars n'arrivent plus un par un, servant ainsi de cible à nos *Panzerfausts*, ils attaquent à sept ou huit, groupés à quelques mètres seulement les uns des autres. Il nous faut jouer serré. Heureusement, nos tireurs n'en sont plus à leur coup d'essai : les deux chars de tête sont bloqués au milieu de la rue et barrent ainsi la route aux autres, qui sont bien obligés de faire demi-tour.

À peine avons-nous le temps de souffler que le pilonnage reprend de plus belle. Nous avons de drôles de têtes, fardés de poussière, les yeux brillants, enfoncés dans les orbites, les joues creuses. L'eau manque, malgré tout j'arrive encore à me raser. Depuis le début des combats, les Berlinois nous ravitaillent de leur mieux, vantent l'héroïsme de ces volontaires français luttant contre le bolchévisme.

De part et d'autre de nos positions, le front s'est recroquevillé encore, et nous restons maintenant en avant des lignes, poste avancé de la défense de la Chancellerie. Aussi, les rouges s'acharnent contre nous. L'infanterie russe se fait de plus en plus mordante. Renonçant à nous attaquer de front, elle tente maintenant de s'infiltrer un peu partout pour nous déloger à la grenade et au lance-flammes.

Si les pertes russes sont lourdes, nos effectifs fondent également, bien que seuls les blessés graves soient évacués ; les autres se contentent d'un pansement sommaire et continuent à combattre. Le PC est désormais installé dans une grande librairie, possédant de magnifiques ouvrages d'art. Nous vivons des scènes d'un autre monde : les jours sont de la couleur de la poussière qui nous envahit et nous dévore. Nous ne voyons plus le bleu du ciel, absorbé par une brume terreuse qui ne se dissipe qu'à de rares moments. Tapis dans les entrées, derrière les fenêtres ou les soupiraux, nous attendons fermement les rouges.

Au soir du 30 avril 1945, on amène au PC un prisonnier soviétique. C'est un sous-officier ukrainien, grand gaillard bien nourri. Très loquace, il explique à l'interprète qu'il est ukrainien et non pas russe. Mis en confiance, il répond avec abondance aux questions qui lui sont posées. Il annonce un nouvel assaut en force de l'armée soviétique.

Il n'a pas menti cet Ukrainien ! Toute la nuit et toute la matinée du 1er mai 1945, l'orage des assauts rouges s'abat sur nous avec la dernière violence. L'infanterie russe s'est renforcée et lance ses vagues d'assaut en même temps que les chars prennent le départ. Nous laissons approcher les T-34 pour les tirer à bout portant, puis le feu rapide et précis de nos fusils d'assaut cloue au sol les fantassins. À chaque instant, la Chancellerie est farouchement disputée. Lors d'un assaut particulièrement violent, un T-34 réussit à passer et ne sera détruit qu'une trentaine de mètres en arrière de notre premier poste.

Durant l'après-midi du 1er mai 1945, la situation empire. Sous l'orage d'acier de l'ennemi, nous devons nous installer au Sichereitshauptamt, quelques dizaines de mètres plus loin. Les bâtiments sont en ruine, mais les caves qui donnent sur la rue sont intactes. Tout près de nous se livrent de furieux combats d'infanterie, mais notre front reste inchangé. La dernière nuit sera relativement calme. Vers la fin de la nuit, les guetteurs rendent compte que nous sommes de nouveau seuls en avant des lignes. Un peu plus tard, une patrouille vient annoncer que le front passe maintenant à la hauteur du Luftfahrtministerium. Nous prenons alors contact avec les forces de la Luftwaffe qui occupent le ministère. Sans perdre de temps, nous prenons position, mais à peine notre mise en place est-elle terminée que nous voyons arriver, des lignes ennemies, des voitures avec des drapeaux blancs : dans celles-ci se trouvent des officiers allemands et russes… On parle de capitulation… Bientôt, en effet, des soldats rouges s'avancent sans armes, offrant des cigarettes. Certains hommes de la Luftwaffe commencent à fraterniser.

Le commandant de la Luftwaffe m'annonce son intention de rendre les armes, comme les rouges l'y invitent.

— C'est fini, ajoute-t-il, la capitulation est signée.

Non, nous ne pouvons pas croire que tout soit fini. C'est impossible ! En tout cas, nous ne pouvons pas rester là à nous faire prendre bêtement ! Que se passe-t-il à la Chancellerie ? Là, au moins, nous saurons quelque chose.

Rapidement, nous quittons le ministère, sans répondre aux appels des rouges, hommes ou femmes, qui nous invitent très cordialement à rendre nos armes. Évitant les rues, nous nous faufilons à travers les ruines jusqu'au métro et nous descendons dans le souterrain par une bouche d'aération. Les mains crispées sur l'échelle, je bois des yeux ce spectacle devant lequel tout mon corps se rétracte : aussi loin que le regard peut aller, des Russes, des véhicules à étoile rouge circulent en tous sens... Pas un coup de feu, les murs de la Chancellerie sont muets... Il n'y a plus personne... Tout est fini ! Je redescends sans dire un mot... Mes hommes m'entourent, les yeux avides. Plus personne ! Les Russes sont là, partout... Certainement, le Führer est mort !... Maintenant, il va falloir sortir de là. À mon avis, la seule solution est de passer en direction de Potsdam, où doit se trouver l'armée Wenck.

> Nous utiliserons le souterrain le plus longtemps possible et nous profiterons de la nuit pour faire le reste du chemin. Tout le monde est d'accord.
>
> Nous nous éparpillons par petits groupes et disparaissons les uns après les autres. Mais voilà qu'arrivent des hommes du Volkssturm, qui veulent faire comme nous ; ces pauvres vieux sont lents et malhabiles, et lorsqu'une patrouille rouge arrive quelques instants plus tard, son attention est attirée par ces hommes qui cherchent à se dissimuler. Nous sommes finalement capturés par les rouges. On nous entraîne au-dehors. De nombreux soldats soviétiques chantent et jouent de l'accordéon, sillonnent la place en tous sens : c'est la grande kermesse des vainqueurs. On en voit qui marchent par groupes, titubants, les bras chargés de bouteilles. L'un d'eux vocifère en nous voyant passer : « Hitler *kaputt* ! » Un autre nous regarde férocement et nous promet les charmes de la Sibérie. Certains font mine de nous abattre.

Indifférents, nous continuons notre route. Nous sommes prisonniers, prisonniers ! Au milieu de cette foule de soldats rouges, nous éprouvons en nous-mêmes comme une brûlure atroce, la sensation physique de la défaite. C'est l'heure de la malédiction, nous y sommes cependant préparés.
Nous arrivons devant la Chancellerie. Des soldats rouges, les bras chargés de butin, vont et viennent entre ces murs noircis, qui furent notre dernier espoir,

tandis que des centaines de chars russes déferlent du Tiergarten en une gigantesque parade autour de la porte de Brandebourg, qui dresse encore vers le ciel gris sa silhouette mutilée, comme un dernier appel, comme un dernier cri[71] !

Durant la bataille de Berlin, les 200 à 250 Waffen-SS français détruisent une centaine de chars soviétiques et mettent hors de combat un millier de soldats ennemis (tués, blessés ou prisonniers). Jusqu'au 2 mai 1945, ces volontaires français sont les derniers combattants du Reich à lutter dans Berlin, à quelques dizaines de mètres seulement du bunker souterrain d'Adolf Hitler, qui s'est suicidé le 30 avril. Ce bataillon de la division Charlemagne fut la seule unité encore présente le 2 mai, afin d'empêcher les Russes de s'emparer du bunker du Führer.

Soigné, puis libéré par les Soviétiques, Henri Fenet rejoint la France. À Valenciennes, il est arrêté et dénoncé par son tatouage de la Waffen-SS. Condamné à vingt ans de travaux forcés, il est finalement relâché en 1949. Il décède le 14 septembre 2002.

71. Entretiens de l'auteur avec Henri Fenct en septembre 1995. Lire également : *L'Internationale SS. 600 000 étrangers français, belges, suisses, etc.*, *Historia*, hors-série n° 32, 1973.

20.
IGOR KONIEV, FANTASSIN SOVIÉTIQUE

En mars 1945, à la veille de la bataille de Berlin, l'armée soviétique est au sommet de sa puissance. Depuis 1943, elle a repoussé les troupes allemandes, libérant de vastes territoires soviétiques et atteignant en 1944 les frontières polonaise et allemande. Les contre-offensives soviétiques de l'hiver 1943 détruisent à Stalingrad et ses environs la 6e armée allemande et une grande partie des divisions roumaines, hongroises et italiennes engagées sur le front russe. Les Allemands déplorent 325 000 soldats hors de combat (tués, blessés, disparus, prisonniers), les Italiens 114 500, les Roumains 120 000, les Hongrois 117 000, soit au total 676 500 soldats de l'Axe hors de combat. Si les pertes soviétiques sont plus lourdes (1 130 000 tués ou blessés), elles n'affaiblissent pas de manière dramatique les réserves humaines de cet immense pays, alors que les forces de l'Axe sont sérieusement entamées.

La bataille de Koursk de l'été 1943 sonne le glas de l'armée allemande sur le plan offensif contre les troupes soviétiques. Elle perd l'initiative des opérations et doit désormais subir les offensives de l'adversaire. Elle ne cesse de reculer après cette bataille, où elle déplore la perte de 203 000 soldats, de 1 200 chars et de 650 avions. Elle inflige cependant des pertes considérables à l'Armée rouge (1 200 000 soldats hors de combat, 7 000 chars et 3 000 avions détruits). Staline a cependant les moyens de remplacer les hommes tués et le matériel disparu, à la grande différence de la Wehrmacht, luttant sur plusieurs fronts.
L'offensive Bagration de l'été 1944 de l'armée soviétique s'achève par un bond de 600 kilomètres vers l'ouest, arrive aux frontières de la Prusse-Orientale, devant Varsovie, en Hongrie et proche de la Yougoslavie. C'est un véritable désastre militaire pour le IIIe Reich, avec la destruction du groupe d'armées du Centre, l'enfermement du groupe d'armées du Nord dans les pays Baltes et la destruction partielle du groupe d'armées du Sud en Ukraine et en Roumanie. La Finlande, la Roumanie et la Bulgarie changent de camp. L'armée soviétique engage durant cette vaste opération 1 300 000 soldats, 4 000 chars, 30 000 pièces d'artillerie et 4 000 avions. De son côté, la Wehrmacht ne peut opposer que 849 000 hommes, 495 chars, 3 300 canons et 602 avions. À l'issue de cette bataille, l'armée allemande déplore 140 000 tués, 110 000 blessés, 150 000 prisonniers, soit au total 400 000 soldats hors de combat. Les pertes soviétiques s'élèvent à 180 000 tués et 400 000 blessés, soit 580 000 soldats hors de combat.
Berlin est le prochain objectif de l'armée soviétique, dont la bataille débute le 25 avril et se termine le 2 mai 1945.

Igor Koniev, âgé de 21 ans et fantassin soviétique de la 8e armée de la garde, participe à cette opération marquant la fin du IIIe Reich. Il s'est déjà distingué par son courage depuis l'été 1943, quelques semaines après sa mobilisation.

À la tête de mon régiment, soutenu par des chars T-34 de la 1re armée blindée de la garde, nous nous sommes emparés des faubourgs sud-est de Berlin, après de terribles combats, en nous heurtant à une division de grenadiers allemands et à la division Waffen-SS Nordland. Le 26 avril 1945, nous attaquons les positions allemandes en direction de la gare de Potsdam. La ville est en grande partie détruite. Nos assauts sont appuyés par de nombreux blindés et une puissante artillerie.
C'est une bataille apocalyptique. Nous longeons le canal de Landwehr. La résistance allemande est acharnée. Nous subissons de lourdes pertes du fait des armes antichars allemandes qui détruisent nos tanks à faible distance. Coiffé du casque d'acier modèle 1941, armé de l'excellent pistolet-mitrailleur PPSh-41, avec son chargeur tambour de 71 cartouches de 7,62 mm, je mitraille de tous côtés un adversaire qui se dissimule habilement dans les habitations pour nous tendre des embuscades. Heureusement, notre écrasante puissance de feu contraint l'ennemi à se replier. J'utilise régulièrement les grenades pour venir à bout des mitrailleuses adverses. Nous sommes portés par un sentiment de puissance, depuis nos nombreuses victoires, avec le sentiment d'en finir au plus vite avec l'hydre hitlérienne.
Le soir du 27 avril, il ne reste plus de la forteresse de Berlin qu'une surface de 16 kilomètres sur 5. Le lendemain, on

attaque au cœur même de la capitale du IIIe Reich, la zone du Reichstag. La ville, une des plus vastes du monde, se prépare à cette bataille depuis le mois de janvier 1945. Le commandement allemand a prévu de nous saigner à blanc en résistant pâté de maisons par pâté de maisons, immeuble par immeuble, étage par étage, boutique par boutique, sans oublier les caves. Pour éviter des pertes trop lourdes, nous menons des opérations de débordement, en se gardant de trop progresser dans les rues, minées et barricadées. On avance par les cours, les sous-sols, les bâtiments, en pratiquant des brèches dans les murs. On s'empare ainsi de quartiers entiers.

Les troupes de choc des 3e et 8e armées soviétiques donnent l'assaut du Reichstag le 30 avril à l'aube. La lutte se poursuit jusqu'au matin du 2 mai 1945. La garnison allemande résiste avec l'énergie du désespoir, sans se soucier des pertes ni de l'inutilité de cet ultime combat. Nous atteignons la porte de Brandebourg, tandis que le 79e corps de fusiliers s'empare du ministère de l'Intérieur. Dans la nuit du 30 avril au 1er mai, le drapeau rouge flotte sur le Reichstag. Cependant, la bataille du Reichstag se poursuit toute la journée du 1er mai. Le lendemain, les nazis qui se sont retranchés au sous-sol capitulent dans la matinée. La garnison du Reichstag déplore 2 500 tués et 2 600 prisonniers. La bataille de Berlin prend fin ce 2 mai 1945.

Nous fêtons la victoire avec des danses, des chants et de la vodka. La grande guerre patriotique de 1941-1945 se solde par la mort de 10 millions de soldats soviétiques. Durant cette période, nous avons fixé et vaincu 60 % de l'armée allemande, contribuant ainsi de manière décisive à la défaite du IIIe Reich. Sur les 5 500 000 soldats allemands tués durant la Seconde Guerre mondiale, 4 millions sont tombés contre l'armée soviétique. La guerre terminée, je retrouve ma famille au sud de Moscou, qui a survécu à ces années terribles ayant vu la mort de près de 16 millions de civils soviétiques. Je deviens ingénieur dans l'armement, après ma brillante conduite au front[72].

J'ai rencontré Igor Koniev lors d'un de ses voyages en France, après la chute de l'Empire soviétique. Parlant couramment le français, il m'a raconté avec passion sa guerre, sans chercher à se mettre en avant, soulignant avant tout l'immense sacrifice de l'Armée rouge et son rôle capital dans la défaite du nazisme.

72. Entretiens de l'auteur avec Igor Koniev en juillet 2004.

CONCLUSION

Ces faits historiques souvent méconnus et ces témoignages de combattants des deux camps permettent une connaissance panoramique des débarquements et de la Libération. Évitant l'anachronisme et le sectarisme, cet ouvrage offre un regard novateur et inédit sur cette période, en balayant bien des mythes et des légendes. D'une part, les débarquements et la Libération ne se sont pas limités à l'intervention de l'armée américaine, mais les autres nations se sont aussi engagées avec force. D'autre part, l'armée allemande n'a pas été l'unique puissance à combattre contre les Alliés. Les troupes italiennes, restées fidèles à Mussolini, ont joué également un rôle majeur.

Cette approche globale du conflit permet ainsi d'éviter les pièges du réductionnisme historique, ainsi que les clichés véhiculés depuis des décennies par la propagande. On découvre la complexité de cette période ayant marqué la fin de la Seconde Guerre mondiale. Les nombreux témoignages de combattants nous font découvrir les motivations des uns et des autres, la richesse de personnalités différentes dans des conditions extrêmes, où la vie ne tient qu'à un fil. Le courage de ces hommes et de ces femmes, engagés dans un conflit moderne, mérite le respect et l'attention. Il offre aux jeunes générations l'espoir que la ferme volonté peut venir à bout des pires tyrannies.

SOURCES PRINCIPALES

Philippe Lamarque, *Le Débarquement : opération Overlord, 6 juin 1944,* Éditions C.M.D., 2001.
Général Heinz Guderian, *Souvenirs d'un soldat*, Plon, 1954.
Walter Lord, *Le Miracle de Dunkerque*, Robert Laffont, 1983.
Claude Quétel, *L'Impardonnable Défaite (1918-1940)*, JC Lattès, 2010.
Claude Quétel, *Hitler. Vérités et légendes*, Perrin, 2022.
Benoît Lemay, *Erwin Rommel*, Perrin, 2009.
Archives militaires allemandes, Fribourg-en-Brisgau.
Jean Lopez et Olivier Wieworka (dir.), *Les Mythes de la Seconde Guerre mondiale*, vol. 1, Perrin, 2015.
Jean Lopez et Olivier Wieworka (dir.), *Les Mythes de la Seconde Guerre mondiale*, vol. 2, Perrin, 2017.
Loïc Becker, « Bernard L. Montgomery, la construction d'un héros », revue *Batailles & Blindés*, hors-série n° 50, *Ceux des chars, les meilleurs généraux des blindés*, novembre-décembre 2022.

Archives militaires britanniques, Londres.
Correlli Barnett, *Les Généraux du désert*, Pocket, 1965.

Sir Basil Liddel Hart, *Histoire de la Seconde Guerre mondiale*, Fayard, 1973.
Antony Beevor, D-*Day et la bataille de Normandie, Calmann-Lévy*, 2009.
Jean-Claude Delhez, *Chars d'assaut, un siècle d'imposture*, Jourdan, 2017.

Henri Noguères, *Histoire de la Résistance en France*, Robert Laffont, 1981.
Paul Gaujac, *La Bataille de Provence (1943-1944)*, Éditions Lavauzelle, 1984.
Ligne de front, hors-série n° 48, avril-mai 2023.
Entretiens de l'auteur avec Heinrich Severloh en juin 1994.
Heinrich Severloh, *WN 62. Mémoires d'Omaha Beach, Normandie, 6 juin 1944*, Heimdal, 2019.
Entretiens de l'auteur avec Marc Russel en juin 2004.
Christophe Prime et Éric Belloc, *Sainte-Mère-Église. La 82nd U.S. Airborne Division*, OREP Éditions, 2021.
Philippe Broussard, « Il faut sauver le soldat Steele », *L'Express,* n° 3282, 28 mai 2014.
Entretiens de l'auteur avec Éric Belloc en octobre 2022.
Entretien de l'auteur avec Léon Gautier en juin 2004.
Benjamin Massieu, *Les Français du Jour J*, Pierre de Taillac, 2019.
Jeanne Bohec, *La Plastiqueuse à bicyclette*, Éditions du Félin, 1999.
Archives du Centre national Jean-Moulin, Bordeaux.
Archives du musée de la Résistance et de la Déportation de l'Isère, Grenoble.
Pierre Deveaux, *Le Bataillon de Chambaran*, Presses universitaires de Grenoble, 1987.

Archives de la Fondation de la France libre, Paris.
Yves Gras, *La 1re DFL. Les Français libres au combat*, Presses de la Cité, 2004.
Bob Maloubier, *Agent secret de Churchill*, Tallandier, 2011.
Jean-Paul Lefebvre-Filleau, *Femmes de la Résistance (1940-1945)*, Éditions du Rocher, 2020.
Entretiens de l'auteur avec le colonel Pierre Charton en mai 1983.
Pierre Charton, *Il y a la Légion… Mémoires*, Indo Éditions, 2008.
Entretiens de l'auteur avec Jacques Turlan en mai 1994.
Entretiens de l'auteur avec Adriano Costa en juillet-août 1987.
Entretiens de l'auteur avec Mario Musco en juillet-août 1987.
Entretiens de l'auteur avec Carlo Alfredo Panzarasa en septembre 2011.
Enzo et Laurent Berrafato, *Decima Mas. L'unité mythique du prince Borghese*, Éditions Memorabilia, 2021.
Entretiens de l'auteur avec Ugo Drago en juin 2000.
Entretiens de l'auteur avec Alessandro Tosca en mai 2000.
Entretiens de l'auteur avec Lucien Lormier en septembre 1985.
Entretiens de l'auteur avec Alain Lormier en mai 2020.
Entretiens de l'auteur avec Jacques Carpentier en juin et août 2004.
Archives militaires françaises, Vincennes.
Entretiens de l'auteur avec Pierre Cazenave d'avril à juin 2002.
Entretiens de l'auteur avec Philippe Jourdan en mai 2004.

Henri Béraud, *Bataille des Alpes (juin 1940–1944/45)*, Heimdal, 1987.
Entretiens de l'auteur avec Henri Fenet en septembre 1995.
L'Internationale SS. 600 000 étrangers français, belges, suisses, etc., *Historia*, hors-série n° 32, 1973.
Entretiens de l'auteur avec Igor Koniev en juillet 2004.

OUVRAGES DU MÊME AUTEUR

L'Italie en guerre : 1915-1918, Éditions Ulysse, 1986.
Les Guerres de Mussolini, Jacques Grancher, 1988.
Connaître les châteaux du Périgord, Éditions Sud Ouest, 1989.
La Résistance dans le Sud-Ouest (préface de Jacques Chaban-Delmas), Éditions Sud Ouest, 1989.
L'Épopée du corps-franc Pommiès des Pyrénées à Berlin, Jacques Grancher, 1990.
Le Sud-Ouest mystérieux, Éditions Sud Ouest, 1990.
L'Affaire Grandclément, Éditions Sud Oucst, 1991.
Le Livre d'or de la Résistance dans le Sud-Ouest, Éditions Sud Ouest, 1991.
Bordeaux pendant l'Occupation, Éditions Sud Ouest, 1992.
Les Contes populaires de toutes les Pyrénées, Éditions Sud Ouest, 1992.
Les Grands Crimes du Sud-Ouest, Éditions Sud Ouest, 1993.
Les F.F.I. au combat, Jacques Grancher, 1994.
Souvenirs de la guerre 1939-1945, Éditions Sud Ouest, 1995.

La Montagne de lumière (roman), Lucien Souny, 1995.
Gabriele d'Annunzio en France 1910-1915, Éditions J & D, 1997.
Mussolini, Éditions Chronique 1997.
Rommel, Éditions Chronique 1998.
La Poche du Médoc 1944-1945, Éditions C.M.D., 1998.
Jacques Chaban-Delmas, Éditions C.M.D., 1998.
Bordeaux et Arcachon à la Belle Époque, Éditions C.M.D., 1998.
Bordeaux brûle-t-il ? La libération de la Gironde : 1940-1945, Les Dossiers d'Aquitaine, 1998.
Biarritz à la Belle Époque, Éditions C.M.D., 1998.
Les Corridas de Bayonne, Éditions C.M.D., 1999.
Bordeaux, la base sous-marine : 1940-1944, Éditions C.M.D., 1999.
Bernadette Soubirous, Éditions C.M.D., 1999.
Les Échassiers des Landes, Éditions C.M.D., 1999.
Périgord, l'aventure de la Préhistoire, Éditions C.M.D., 1999.
Périgord, histoire de la truffe, Éditions C.M.D., 1999.
Histoire de la France militaire et résistante, Éditions du Rocher, 2000.
Aquitaine, histoire de la Résistance, Éditions C.M.D., 2000.
Limousin, histoire de la Résistance, Éditions C.M.D., 2001.
Orthon le farfadet et autres histoires mystérieuses de l'Aquitaine, Éditions du Rocher, 2001.
Jean-Pierre Schnetzler, itinéraire d'un bouddhiste occidental, Desclée de Brouwer, 2001.
L'Affaire de Bentzmann, Les Chemins de la Mémoire, 2002.
La Poche de Royan, 1939-1945, Les Chemins de la Mémoire, 2002.

Les Combats victorieux de la Résistance française dans la libération : 1944-1945, Le Cherche Midi, 2002.
Les Voies de la sérénité. Les grandes religions et l'harmonie intérieure, Philippe Lebaud, 2002.
Regards chrétiens sur le bouddhisme. De la diabolisation aux convergences, Éditions Dervy, 2002.
Histoires mystérieuses du Sud-Ouest, Les Chemins de la Mémoire, 2002.
La Bataille des cadets de Saumur, juin 1940. Les Chemins de la Mémoire, 2002.
La Libération du Sud-Ouest et des Charentes, Les Chemins de la Mémoire, 2003.
Le Grand Livre des fantômes, Éditions Trajectoire, 2003.
Lama Namgyal. Vie et enseignement d'un moine bouddhiste occidental, Presses de la Renaissance, 2003.
Arcachon. Pages de son histoire, Les Chemins de la Mémoire, 2003.
Visite historique de Bayonne, Les Chemins de la Mémoire, 2003.
Visite historique de Biarritz, Les Chemins de la Mémoire, 2003.
Visite historique de Bordeaux, Les Chemins de la Mémoire, 2003.
Visite historique du bassin d'Arcachon, Les Chemins de la Mémoire, 2003.
Les Plages du débarquement, Les Chemins de la Mémoire, 2003.
La France combattante de la victoire : 1944-1945, Les Chemins de la Mémoire, 2003.
La Poche de La Rochelle : 1944-1945, Les Chemins de la Mémoire, 2003.

Rommel, la fin d'un mythe (biographie), Le Cherche Midi, 2003.
Les Chercheurs d'absolu, Éditions du Félin, 2003.
Lama Guendune, un grand maître tibétain en France, Oxus, 2003.
Les Vies antérieures. Des preuves pour la réincarnation, Éditions du Félin, 2004.
Histoire de la presse en France, Éditions de Vecchi, 2004.
Les Voies spirituelles du bonheur, Éditions inFolio, 2005.
Les Jésuites, Éditions de Vecchi, 2005.
Comme des lions : mai-juin 1940. Le sacrifice héroïque de l'armée française, Calmann-Lévy, 2005.
Les Templiers, Éditions de Vecchi, 2005.
Les Grandes Affaires de la Résistance, Lucien Souny, 2005.
La Réincarnation. Histoires vraies, Éditions Trajectoire, 2006.
Les Missionnaires, Éditions de Vecchi, 2006.
C'est nous les Africains. L'épopée de l'armée française d'Afrique 1940-1945, Calmann-Lévy, 2006.
Histoires extraordinaires du bouddhisme tibétain, Éditions InFolio, 2006.
Les Grands Ordres militaires et religieux, Éditions Trajectoire, 2006.
Histoires extraordinaires de la Seconde Guerre mondiale, Lucien Souny, 2006.
Jean Moulin, Éditions Infolio, 2007.
La Dérive intégriste, Acropole, 2007.
La Libération de la France, Lucien Souny, 2007.
Lieux de pèlerinages et grandes processions, Éditions Trajectoire, 2007.
Mers el-Kébir, juillet 1940, Calmann-Lévy, 2007.

Lourdes la miraculeuse, Éditions Trajectoire, 2008.
Les Poches de l'Atlantique : 1944-1945, Lucien Souny, 2008.
Les 35 Plus Grandes Affaires criminelles, Éditions Trajectoire, 2008.
La Guerre italo-grecque : 1940-1941, Calmann-Lévy, 2008.
Les Victoires militaires françaises de la Seconde Guerre mondiale, Lucien Souny, 2009.
La Bataille de Bir Hakeim. Une résistance héroïque, Calmann-Lévy, 2009.
Les convergences chrétiennes et bouddhistes, Oxus, 2009.
Les Grandes Figures de la Résistance, Lucien Souny, 2009.
Les Mystères des manuscrits de la mer Morte, Éditions de Vecchi, 2009.
Les Mystères des prophéties, Éditions de Vecchi, 2009.
Spectres, esprits & apparitions, Éditions de Vecchi, 2009.
Le Bouddhisme vu par la science, Oxus, 2010.
La Bataille de France jour après jour : mai-juin 1940, Le Cherche Midi, 2010.
Croyances & légendes populaires, Éditions de Vecchi, 2010.
La bataille de Stonne. Ardennes, 1940, Perrin, 2010.
L'Apport capital de la France dans la victoire des Alliés, 1914-1918 et 1939-1945, Le Cherche Midi, 2011.
La Bataille de Dunkerque, 26 mai – 4 juin 1940, Tallandier, 2011.
39-45. Les soldats oubliés. Ceux dont l'Histoire ne parle plus, Jourdan, 2012.
L'Armée française pour les nuls, First, 2012.
Kœnig, l'homme de Bir Hakeim, Éditions du Toucan, 2012.
La Libération de la France jour après jour : juin 1944-mai 1945, Le Cherche Midi, 2012.

Histoire générale de la Résistance française, Lucien Souny, 2012.
La Résistance, Gründ, 2012.
La Gestapo et les Français, Éditions Pygmalion, 2013.
Légendes & fadaises de la Seconde Guerre mondiale, Jourdan, 2013.
Histoires extraordinaires de la Résistance française, Le Cherche Midi, 2013.
La Résistance pour les nuls, First, 2013.
Fiers de notre histoire, First, 2013.
Les Crimes nazis lors de la Libération de la France : 1944-1945, Le Cherche Midi, 2014.
12 trains qui ont changé l'Histoire, Éditions Pygmalion, 2014.
La Bravoure méconnue des soldats italiens, 1914-1918 1939-1945, Éditions Altipresse, 2014.
Gabriele d'Annunzio ou le Roman de la Belle Époque, Éditions du Rocher, 2014.
Les Grandes Figures de la Résistance française, 1940-1945, Éditions Sud Ouest, 2014.
Combats oubliés. Résistants et soldats français dans les combats de la Libération : 1944-1945, L'Artilleur, 2014.
Éloge de l'armée française, Pierre de Taillac, 2014.
La France s'est faite à coups d'épée. L'épopée des grandes batailles d'Hastings à la Libération, Armand Colin, 2015.
Histoires extraordinaires de la guerre aérienne, 1939-1945, Éditions JPO, 2015.
Histoires incroyables et héroïques de la Résistance, Éditions JPO, 2015.
Bordeaux sous l'Occupation, Geste éditions, 2015.

Les Opérations commandos de la Seconde Guerre mondiale, Nouveau Monde éditions, 2014, Poche, 2016.
Alain Juppé sans masque, First, 2016.
Histoires extraordinaires de la Seconde Guerre mondiale, Le Cherche Midi, 2016.
Histoires incroyables de la guerre 1939-1945, Métive éditions, 2016.
Petite histoire du Pays basque, Geste éditions, 2016.
La Poche du Médoc, 1944-1945, Geste éditions, 2016.
La Libération du Sud-Ouest, Geste éditions, 2016.
Les Grandes Affaires d'espionnage de la Ve République, First, 2016.
Histoire du Pays basque, Geste éditions, 2016.
Le Mythe du sauveur américain, 1917-1918. Essai sur une imposture historique, Pierre de Taillac, 2017.
Jean-Claude Hubert, souvenirs de guerre d'un résistant, contre-espion et commando – 1939-1945, Geste éditions, 2017.
La Charente sous l'Occupation, Geste éditions, 2017.
Le Pays basque sous l'Occupation, Geste éditions, 2017.
Le Lot-et-Garonne sous l'Occupation, Geste éditions, 2017.
Les Landes sous l'Occupation, Geste éditions, 2017.
Les 100 000 collabos. Le fichier interdit de la collaboration française, Le Cherche Midi, 2017.
Ces chrétiens qui ont résisté à Hitler, Artège, 2018.
SS français. Récits, lettres et témoignages inédits de la SS Charlemagne, Jourdan, 2018.
Nouvelles Histoires extraordinaires de la Résistance. 16 récits inédits de héros qui ont sauvé la France, Alisio, 2018.

Les Années interdites. Auteurs, journalistes et artistes dans la collaboration, Éditions de l'Archipel, 2018.
Les Grandes Affaires de la Libération, 1944-1945, Alisio, 2019.
Les Vérités cachées de la Seconde Guerre mondiale, Éditions du Rocher, 2019.
Histoires extraordinaires de miracles et d'apparitions. Enquêtes et récits sur l'invisible dans les traditions chrétiennes et bouddhistes, Leduc.s, 2019.
Jésus l'universel. L'histoire d'un message spirituel, Alisio, 2019.
L'imposture du sauveur américain, 1917-1918 1941-1945, Éditions Le Retour aux sources, 2020.
Albert Roche, premier soldat de France, Éditions Le Retour aux sources, 2020.
Les Victoires françaises de 1914 à nos jours, Éditions Le Retour aux sources, 2020.
Les Grandes Batailles de la Première Guerre mondiale, Éditions Le Retour aux sources, 2020.
Les Grandes Batailles de l'Histoire de France, d'Hastings à la Libération, 1066-1945, Éditions Le Retour aux sources, 2020.
Histoire de l'armée française des origines à nos jours, Éditions Le Retour aux sources, 2020.
Histoires extraordinaires de la France mystérieuse, Éditions Le Retour aux sources, 2020.
Histoires extraordinaires et mystérieuses de l'humanité, Éditions Le Retour aux sources, 2020.
Les Grandes Affaires d'espionnage en France de 1958 à nos jours, Éditions Le Retour aux sources, 2020.
Mai-juin 1940 : les causes de la défaite, Alisio, 2020.

Les Vérités cachées de la défaite de 1940, Éditions du Rocher, 2020.
De Gaulle intime et méconnu, Alisio, 2020.
Comme des lions. Mai-juin 1940 : le sacrifice héroïque de l'armée française, t. I, Éditions Mécanique générale, 2021.
Histoires extraordinaires des Justes. Portraits de 30 héros parmi les nations, Alisio, 2021.
Les vérités cachées de la France sous l'Occupation, Éditions du Rocher, 2021.
Comme des lions. Ces Français qui ont vaincu Hitler et Mussolini dans les sables du désert, 1941-1943, t. II, Éditions Ring, 2021.
Comme des lions. Ces Français qui ont gagné la guerre en 1944-1945, t. III, Éditions Ring, 2021.
Histoires secrètes de la guerre d'Algérie, Alisio, 2022.
Les Forces de l'Axe. Histoires et combats extraordinaires 1939-1945, Éditions Memorabilia, 2022.
Les Vérités cachées de la Résistance, Éditions du Rocher, 2022.
Les Grandes Polémiques de la Seconde Guerre mondiale, Alisio, 2022.
L'Espionnage de 1940 à nos jours, Alisio, 2022.
Les Combattantes de la liberté, 1939-1945, Alisio, 2023.
Les Vérités cachées de la Seconde Guerre mondiale, t. II, Éditions du Rocher, 2023.

Cet ouvrage est composé de matériaux issus de forêts bien gérées certifiées FSC®,
de matériaux recyclés et de matériaux issus d'autres sources contrôlées.

Le Forest Stewardship Council® est une organisation internationale
non gouvernementale qui encourage une gestion écologiquement adaptée,
socialement bénéfique et économiquement viable des forêts de la planète.
Pour en savoir plus, consultez le site www.fsc.org

MIXTE
Papier | Pour une gestion forestière responsable
FSC® C022829

Achevé d'imprimer en avril 2024
sur les presses de la Nouvelle Imprimerie Laballery
58500 Clamecy
Dépôt légal : mai 2024
N° d'impression : 403028

Imprimé en France

La Nouvelle Imprimerie Laballery est titulaire de la marque Imprim'Vert®